영업하는
마술사

영업하는 마술사

초판 1쇄   2016년 2월 22일

지은이   조동희
발행인   김재홍
디자인   박상아, 이슬기
교정 · 교열   김현경
마케팅   이연실

발행처   도서출판 지식공감
등록번호   제396-2012-000018호
주소   경기도 고양시 일산동구 견달산로225번길 112
전화   02-3141-2700
팩스   02-322-3089
홈페이지   www.bookdaum.com

가격   15,000원
ISBN   979-11-5622-147-0   03320

CIP제어번호   CIP2016003644
이 도서의 국립중앙도서관 출판예정도서목록(CIP)은 서지정보유통지원시스템 홈페이지
(http://seoji.nl.go.kr)와 국가자료공동목록시스템(http://www.nl.go.kr/kolisnet)에서 이용하실
수 있습니다.

영업하는 마술사

지식공감

CONTENTS

CONTENTS

더 나은
미래를 위하여　　　115

에필로그　　　142

집필배경과 의도

그동안 마술은 그 특성상 도제식으로 은밀히 교육되었으나 2000년대 들어 스타 마술사의 출현과 TV 등 대중매체를 통해 마술 붐이 일어나면서 세계 최초로 대학에 정규 교육과정으로 마술학과가 설립되었으며, 수많은 사설 아카데미를 비롯하여 동호회 등을 통해 마술이 대중화되었다. 또한, 과거와는 다르게 마술사를 꿈꾸거나 마술사의 삶을 선택한 사람들도 많아졌다.

그러나 대부분 기술 습득만을 우선시하며 현실적인 부분을 간과해왔고, 그 결과 한국 마술은 세계 마술의 얼굴이라 할 정도로 국제적 위상을 높였으나, 현실적으로 마술사라는 직업을 가지고 현대 사회를 살아가기에는 너무나도 힘든 여건 속에 놓여 있다.

결국, 무거운 현실 앞에 재능있는 수많은 젊은 마술사들이 마술사의 삶을 포기하는 일이 많아졌다. 연극이나 무용, 영화, 음악 등 문화예술계에 종사하는 많은 예술인이 일정하지 않은 수입으로 경제적인 어려움을 겪듯이 청년 마술사들도 같은 어려움을 겪고 있다. 그런데도 이러한 부분에서 현실적인 조언을 얻거나 교육을 받기에는 아직 충분한 인프라가 없는 실정이다.

그래서 이 책을 통하여, 특히 젊은 마술사들이 마술사라는 직업을 가지고 세상을 살아가는 데 필요한 여러 가지 소소한 팁을 알려주고 싶었다. 나는 20살에 마술을 시작해 올해로 39살을 맞이하는 마술사이자 사업가로서 그동안 필요하지만 접할 수 없었던 조언들을, 미리 알았더라면 어쩌면 조금은 덜 힘들었을지도 모를 삶의 경험을 진심을 담아 지면에 풀어냈다.

나는 그동안 6번의 창업과 실패를 겪었고, 한때 법원에 개인회생을 신청했을 만큼 어려운 시기도 있었다. 하지만 그 어려움을 딛고 2014년 9월 자본금 100만 원으로 1인 법인을 설립했고 첫해 3개월 매출 7,300여만 원, 2015년 약 1억5천만 원의 매출을 달성하며 주변의 약 10여 명의 후배 마술사들에게 9천만 원의 인건비를 지급하는 등 매우 왕성한 활동을 하고 있다.

나는 동시대를 살아가는 동료이자 후배 마술사들이 지난날의 나와 같은 어려움을 겪지 않기를 바라며 그동안 쌓아온 노하우를 이 책을 통해 나누고 싶었다.

　나는 경영학이나 마케팅을 전공한 사람이 아니다. 사업가로서 대단한 성공을 거두어 큰돈을 번 사람도 아니다. 마술사로서 유명한 컨벤션에서 수상한 적도 없으며, 유명한 방송에 출연해서 전국에 이름을 날린 사람도 아니다. 감히 이런 책을 낼 만한 사람이 아니라는 뜻이다. 다만 마술을 좋아했고, 마술을 업으로 삼아 지난 삶을 열심히 살아왔을 뿐이다.

　나는 외모가 훌륭하지도, 돈이 많지도, 출중한 능력이 있는 사람도 아니다. 그렇기 때문에 내가 좋아하는 이 일을 계속해서 하기 위해 하루하루를 열심히 살아야 했다. 소위 '생계형 마술사', '이벤트 행사용 마술사'인 셈이다. 강의할 때 제자들에게 종종 하는 질문이 있다. 상위 1%에 해당하는 마술사들만이 성공한 마술사냐고. 꼭 유명한 컨벤션에서 이름을 날려야만 성공한 마술사냐고. 나는 아니라고 생각한다. 나머지 99%의 마술사들도 자신의 위치에서 열심히 살아가는 훌륭한 마술사이며, 누군가의 부모이며, 누군가의 배우자이며, 누군가의 자식으로서 자신의 삶을 존중받을 만한 가치가 있는 사람들이다.

충분히 재능 있어 보이고, 정말로 마술을 사랑하며, 얼마든지 마술사의 삶을 살아갈 수 있을 것 같은 제자들이 무거운 삶의 현실 앞에 눈물을 머금고 그들이 목숨처럼 소중하게 여기는 마술을 접는 안타까운 모습을 너무나 많이 보아왔다. 그래서 용기를 내어 이 책을 쓰기로 했다. 이 책의 내용은 내가 그동안 마술학과에서 사랑하는 후배이자 제자들에게 강의했던 내용 중 일부를 정리한 것이다. 부족했던 내가 살아남기 위해 애써왔던 방법들이며, 그 당시 나의 가장 현실적인 고민을 해결했던 방법들이다. 지난날 누군가 옆에서 이런 조언을 해주었더라면, 어쩌면 조금은 덜 힘들게 살아왔을 그런 것들, 현장에서 몸소 겪고 쓰라린 고통과 값진 대가를 치르고서야 배울 수 있었던 소중한 경험들이다.

　모쪼록 이 작은 한 권의 책이 시작하는 이들에게, 또는 어려움을 겪고 있는 이들에게 도움이 되기를 진심으로 바란다.

2016년 1월
조동희

영업하는
마술사

여섯 번의 창업과 실패,
그리고 일곱 번째는 순항 중

첫 번째 창업

나는 1997년 10월 처음 마술을 접했다. 대학에 입학해서 한 학기를 다니고는 전공에 흥미를 잃어 입대를 핑계로 휴학하고 아르바이트를 하며 시간을 보내던 때였다. 그 당시 청주 지하상가를 지나가다 우연히 마술용품점에 발을 들여놓게 되면서 나의 마술 인생이 시작되었다.

당시 마술용품점에는 박문수, 김민수 두 분의 마술사님들이 있었는데, 방문한 손님들에게 여러 가지 재미있는 마술을 보여주기도 하고, 마술을 가르쳐 주거나 마술용품을 판매하기도 했다. 난생처음 눈앞에서 보았던 여러 마술은 20살 청년에게는 너무나 재미있고 신기한 것이었다. 더욱이 얼마간의 돈을 내면 나도 저런 마술을 배울 수 있다는 사실에 나는 걷잡을 수 없는 흥분에 휩싸였다.

이때 처음 배웠던 마술이 '라이징 카드(Rising-Card)'라는 마술이었다. 처음 이 마술을 보았을 때 너무나 신기해서 꼭 배우고 싶다고 생각했다. 그러나 돈을 내고 이 마술의 비밀을 알게 되었을 때의 그 허탈함이란…. 만약 이때 마술 배우는 것을 멈췄더라면, 어쩌면 나는 다른 인생을 살았을지도 모른다. 그리고 며칠 후, 나를 정말 마술에 미치게 했던 두 번째 마술을 만나게 된다.

그 마술은 '스카치 앤 소다(Scotch and Soda)'라고 하는 동전마술인데, 이 마술은 초보자들에게 정말 완벽한 마술이다. 이 마술을 배운 뒤부터 정말 마술이 재미있어지기 시작했다. 언제나 이 동전마술 도구가 주머니에 있었고, 누구에게나 보여줬고, 언제나 성공적이었다. 정말 재미있었다. 밑천이 별로 없는 초보였지만, 보잘것없는 나의 삶이 즐거워지기 시작했고, 미친 듯이 마술의 매력에 빠져들기 시작했다.

당시 우리 집 형편은 넉넉하지 못했는데, 마술도구는 너무나 비쌌다. 내 기억으로 신라면 한 개가 200원이었을 때, 바이시클 카드 한 덱이 1만 원, 컬러링북이 1만2천 원, 로코 딜라이트가 7만 원, 스카치 앤 소다가 6만 원, 철제 어피어링 케인이 11만 원이었다. 그 당시에 내게 마술을 배운다는 것은 곧 마술도구를 구입한다는 의미였는데 돈이 없었다. 돈이 필요했다. 결국, 튼튼한 몸 하나 믿고 공사장 일을 했고 돈이 모이는 대로 마술용품점으로 달려갔다. 돈이 없어도 매일 마술용품점에 들렀으며, 새로운 다른 마술을 보여 달라고 떼를 썼다. 늘 신기했고, 늘 새로운 마술에 목이 말라 있었다. 나중에 들은 얘기지만, 내가 마술용품점에서 가장 열성적인 고객이었다고 한다.

이때 배운 마술 중에 가장 기억에 남는 마술이 있는데, 바로 신문지를 찢어서 원래대로 되돌리는 마술이었다. 이 마술을 배우려면 20만 원이 필요했는데, 당시 공사장에서 하루 일하고 받는 일당이 3만 원 정도였다. 이 마술을 배우기 위해 거의 일주일을 공사장에서 일했다. 일하는 내내 '신문지를 찢었다가 다시 붙이는 마술은 어떻게 하는 걸까'라는 궁금증과 더불어, 나도 그 마술을 배울 수 있다는 생각에 시간이 가는 줄도, 힘든 줄도 몰랐다. 결국, 일주일 후에 공사장에서 일하고 번 돈을 받자마자 마술용품점에 달려가 신문지마술을 배웠고, 그때 배운 신문지마술을 지금도 무대공연을 할 때 단골로 사용하고 있다.

이렇게 마술에 빠져들고 있을 때, 한 선배의 조언으로 이듬해 2월 레크리에이션 지도자 강습을 받았고 3월에 2급 레크리에이션 지도자 자격증을 받았다. 그러나 딱히 내가 설 만한 무대가 없었다. 21살, 이제 막 레크리에이션 지도자 자격증을 받은 현장 경험이 전무한 초보 강사를 누가 돈 주고 쓰겠는가. 그저 내가 다니던 교회의 크고 작은 모임이 내가 설 수 있는 무대의 전부였지만, 그 덕분에 많은 경험을 했기에 감사했고 행복했다.

현장 경험이 절실하다고 생각했고, 결국 그해 여름 집을 떠나 지방의 한 청소년 수련원에 취직했다. 비록 월급 45만 원의 박봉이었지만, 숙식이 제공되었고 일주일에 2번은 수련원 원장님이 직접 진행하는 레크리에이션 기법을 어깨너머로 배울 수 있었다.

몇 개월 뒤 이런저런 이유로 퇴사하고 집으로 돌아와 겁도 없이 '프리랜서'라는 자부심 하나로 일을 시작했다. '제일 이벤트'라는 상호를 넣어 명함을 만들었고, '조제일'이라는 예명을 사용했다. 몸뚱이 하나밖에 없었던 나의 첫 번째 창업이었다. 고등학교 때 RCY 활동을 했던 인연과 청소년 수련원에서 일했던 짧은 경력으로 청소년적십자와 보이스카우트 야영장에서 레크리에이션 강사로 일을 시작했다. 정규직도 아니었고, 행사가 있으니 오라는 연락을 받으면 가서 행사 진행하고 일당을 받던 반백수 시절이었다. 당시 의료기 사업을 하시던 교회의 한 형제님이 종종 나를 아르바이트로 써주셨고, 그분에게 영업이라는 것을 조금씩 배우기 시작했다. 그 외에도 닥치는 대로 일을 했다.

일과 수입이 일정치 않았고, 돈은 늘 부족했다. 이때 악마의 유혹이 다가왔다. 신용카드가 갖고 싶었다. 카드회사에 신청했으나 거절당했다. 직장이 없기 때문이었다. 내가 가지고 있던 '제일 이벤트' 명함은 아무도 알아주지 않는 나만의 허울 좋은 껍데기일 뿐이었다.

우연히 생활정보지를 통해 알게 된 사람에게 정식 사업자를 내고 카드 결제 단말기를 구입하면 신용카드를 발급받을 수 있다는 말을 듣고 겁도 없이 세무서에 가서 덜컥 사업자 등록을 하고 사업자등록증을 발급받았다. 진짜 '사업자'가 된 것이다. 사실 사업자등록증을 받는다는 것이 어떤 의미인지 그때는 전혀 몰랐다. 사업자 등록을 하는 데는 돈이 들지 않고 누구나 받을 수 있다는 말에 일단 사업자등록증을 받았던 것이다. 그때 만약 누군가 내 곁에서 나에게 사업자 등록을 하고 난 뒤에 내가 반드시 해야 할 일들과 세금 등에 대해서 조금이라도 알려줬다면 나는 감히 사업자를 내지 못했을 것이다.

아무튼, 사업자를 내고 나니 어깨가 으쓱했다. '난 이제 정식 사업자고 사장님이야'라는 순진한 생각을 했다. 하지만 여전히 일이 많지 않았고, 결과적으로 늘 돈이 없었다. 국세청에서 우편물이 날아와도 나는 일을 한 게 없으니 그냥 무시해도 되는 줄 알았다. 부가세 신고도, 종합소득세 신고도 하지 않았고, 4대 보험료도 내지 않았다. 아무리 철이 없다고 해도 이 얼마나 어리석은 행동인가.

사업자 등록을 하고 2년이 넘어서야 사업자 등록을 한 기간 동안 수입이 없었다는 것을 소명하느라 많이 고생했고, 사업자는 세무서 직권으로 말소되었다. 결국, 신용카드를 가지려고 사업자 등록증 한 장을 받고는 신용카드는 고사하고 안 해도 될 고생만 사서 한 셈이다. 그렇게 3년 정도 이일 저일 닥치는 대로 하면서 온갖 금전 관련 사고는 있는 대로 쳐놓고 23살에 도망치듯 입대를 했다. 이렇게 첫 번째 창업이 실패로 끝났다.

두 번째 창업

전역하고 조금 철이 들었는지, 다시 마술이나 레크리에이션 이벤트를 할 용기는 나지 않았다. 절친한 형님을 통해 통신 관련 네트워크 마케팅을 조금 하다가 여의치 않자 그만두고 당시 대우자동차(지금의 쉐보레 자동차) 영업사원으로 두어 달쯤 일했다. 자동차 영업사원일 때, 당시 영업소 소장님께서 하시던 말이 아직도 기억난다. 영업사원으로서 구두 바닥이 세 번 구멍이 나면 성공하는 거라고. 정말 그 말을 믿었고 열심히 발로 뛰며 자동차 영업을 했다.

다시는 마술을 하지 않겠다고 결심하고 자동차 영업에 발을 들였는데, 내가 할 줄 아는 몇 개 안 되는 마술이 영업하는 데 큰 도움이 되었다. 이때의 경험을 발판삼아 몇 년 후 마술을 하면서 영업사원들을 대상으로 하는 비즈니스 매직 프로그램을 만들었고, 대우자동차 영업사원들을 교육하는 연수원에서 3년이나 신입사원 대상 마술교육을 했다. 사람의 앞날은 정말 아무도 모르는 것이다. 작은 인연이라도 소중히 해야 한다는 깨달음을 얻었다.

자동차 영업이 막 재미있어지려고 하던 찰나에 레크리에이션 강사로 활동하는 고등학교 선배를 만나게 되었고, 선배의 권유로 선배가 있는 이벤트 회사에 취직했다. 이벤트 회사에서 레크리에이션 강사로 일하면서는 잠시 마술을 잊고 살았다. 그러다가 정말 우연히 나의 첫 마술 스승님이었던 박문수 마술사님을 통해 향후 나의 두 번째 마술 스승님이 되신 함현진 마술사님을 만나게 되었다. 이것을 인연으로 이분이 운영하시던 '매직캐슬'이라는 매직바에 몇 번 다녀온 후에 다시 마술에 대한 꿈을 품고 청주 체인점으로 계약을 맺은 뒤 이벤트 회사를 나와 두 번째 창업을 하게 되었다.

내가 맺은 체인점 계약의 주 내용은 그렇게도 목말라하던 무대 마술지도와 마술도구 도매가 공급이었다. 이제는 혼자가 아니라는 생각에 힘이 났다. 그렇게 든든한 지원을 등에 업고 사업을 시작했는데, 막상 사무실 얻을 돈이 없었다. 차차 사무실을 구하기로 하고 홍보를 위해 충북대학교 중문에 있는 호프와 바를 돌아다니며 무료로 테이블 매직을 해주다가 우연히 한 칵테일바에 얹혀 있게 되었다. 당시 나는 몸담고 있어야 할 근거지가 필요했기 때문에, 나에게 우호적이었던 젊은 사장님에게 매일 출근해서 무료로 손님들에게 테이블 매직을 할 테니 여기에 있게 해달라고 간곡히 부탁했고 승낙을 받았다. (지금 생각해보면 당시 나를 거두어주신 바 사장님에게 너무나 고맙다. 그리고 여러 오해로 그곳을 나오게 된 것도, 마무리가 깔끔하지 않았던 것도 모두 내 잘못이었다고 이 지면을 빌려 그분께 용서를 구한다.)
그 당시는 한참 클로즈업 매직이 재미있었을 때였고, 내가 마술로 일할 수 있다는 사실이 마냥 좋았다. 수입이 있고 없고는 중요한 것이 아니었다. 그렇게 칵테일바에서 테이블 매직을 하다 보니 이런저런 사람들을 만나게 되고 조금씩 일거리도 들어오고 했지만, 여전히 수입은 충분치 않았다.

그러던 중 내가 체인 계약을 했던 매직캐슬 본사의 메인 공연자 두 분이 퇴사한다는 소식을 들었다. 이 시기에 나는 함현진 마술사님으로부터 한참 비둘기마술을 배우고 있던 터였고, 무대공연에 점점 재미를 느끼고 있을 때였다. 체인점 대표로서 본사에 사람이 빈다는 소식에 모든 것을 뒤로 한 채 청주 사업을 접고 본사로 올라가 일을 하겠다고 했다. 그때는 의무감이었다고 했으나, 지금 생각해보면 좀 더 큰물에 있고 싶었던 것이 솔직한 심정이었던 것 같다.

이렇게 내 두 번째 창업은 이렇다 할 성과 없이 끝이 났다. 만약 그 당시 내가 매직캐슬 본사로 가지 않고 그대로 고향에 있었다면, 아마도 결국 제풀에 꺾여 결국 마술을 그만두었을지도 모른다.

세 번째 창업

당시 법인 사업체였던 매직캐슬은 마술학원 겸 공연기획사였고, 더불어 100평 규모의 큰 매직바를 운영하고 있었는데, 나는 법인 사업체의 실장으로서 일반 업무와 더불어 공연이나 강의도 하고 매직바에서 테이블 매직이나 주말 무대공연도 하며 매우 의욕적인 생활을 했다. 모든 것이 신선했고 즐거웠다.

그러나 약 2년 정도의 시간이 지나고 그렇게 목숨같이 소중했던 회사에서 퇴사하게 되었다. 시간이 흐르면서 사람과 사람 사이의 오해도 있었고, 이제 막 시작한 결혼 생활에 대한 가장으로서의 책임감도 부담 중 하나였으며, 가장 큰 문제는 회사가 가고자 하는 길이 내가 꿈꾸는 미래와 다르다는 것에 대한 실망이 컸던 것 같다. 이런 여러 가지 이유로 독립해야겠다는 생각을 했다. 현실적인 문제는 독립 시기와 규모, 위치였다. 그리고 가장 큰 문제는 자본이었다.

퇴직할 당시, 소위 '이직 매너'라는 것을 지키고 싶었다. 그리고 그것이 (당시에는 섭섭했지만 지금은 한없이 고마운 분이신) 스승님에 대한 예의라고 생각했다. 그래서 3월에 퇴사 의사를 밝혔고, 마술공연 기획사로서는 가장 바쁜 시기인 5월 말까지 모든 일을 마무리하고 5월 31일부로 퇴사를 했다. 그리고 6월 6일 '매직홀'이라는 회사를 열었고, 이것이 나의 세 번째 창업이었다.

내가 순탄한 출발을 하고자 했다면 5월 전에 퇴사를 해야 했다. 그러나 창업을 했던 6월은 비수기였다. 개업하고 나서도 일이 없어 파리를 날렸다. 어쩌다 내가 매직캐슬에 있을 때 알고 있던 고객에게 전화가 오면 이제 퇴사를 했으니 매직캐슬로 연락을 하시라고 정중히 사양했다. 내 힘으로 돈을 벌어야 했다. 그때의 막막함이란 정말 힘든 것이었다.

나도 남들같이 번듯한 사무실을 내고 싶었다. 그러나 창업 당시 수중에 돈이 없었다. 시집도 안 간 처형에게 투자라는 명목으로 1,000만 원을 빌렸고, 내가 500만 원, 같이 시작하는 동생 둘이, 각각 300만 원, 200만 원을 내놓고 공동 창업을 했다. 당시 살림집이 세 들어 있던 건물주 어르신이 나를 좋게 보셨는지 마침 비어있는 상가 점포를 보증금 없이 월세 30만 원에 내주셨다. 그 10평짜리 공간이 내 일터이자 꿈이었다. 손바닥만 한 공간에 따로 연습실을 꾸밀 여유가 없었다. 연습은 각자 알아서 집에서 하기로 하고 책상과 컴퓨터를 놓고 사무 공간을 만들고, 얻어온 책장을 벽으로 쌓아 나머지 공간을 장비 창고로 만들었다.

앞서 말했듯이 창업을 했던 6월은 비수기였다. 개업한 지 한 달이 지나도록 일이 없었다. 독립해서 사무실을 내겠다는 생각에만 급급했지, 당장 그 뒤에 어떻게 홍보나 영업을 할 것인지를 생각하지 못했던 것이다. 독립하고 창업을 한다는 사람이 그렇게 시야가 좁았다. 당시 공동 창업자 3명의 역할 분담은 이랬다. 나는 전체적인 운영과 영업을, 스테이지 매직을 잘하는 막내 후배가 출장공연을, 클로즈업 매직을 잘하는 둘째 후배가 강의 쪽을 맡았다.

개업하고 한 달이 막 지났을 때, 내 평생 후회할 결정을 하고 만다. 바로 급여에 대한 문제였다. 우리는 개업 후 이렇다 할 수입이 없었으면서도, 각자 생활비가 필요했다. 더군다나 나는 결혼한 지 6개월밖에 안 된 신혼이었다. 그래서 하루는 모여서 이렇게 합의를 했다.

"일은 차차 풀려 갈 것이고, 우리도 최소한의 생활비는 필요하니까 50만 원씩만 월급을 받자."

결국, 창업자 셋이 당장의 생활을 위해 빚을 내서 가지고 있던 통장 잔고에서 급여를 받아가는 어리석은 합의를 하고 만 것이다. 지금도 그때를 회상하면 늘 이렇게 얘기를 한다.

"그때 급여를 받지 말았어야 했다. 그랬다면 우리 모두 일이 없으면 돈도 없다는 생각에 정신이 번쩍 들었을 것이다."

이제 막 창업해서 수입이 없는 어려운 시기에 허리띠를 졸라매고 밖으로 나가 더 열심히 일해야 했는데, 우리는 편한 방법을 선택한 것이다. 거기에 한술 더 떠서 사이좋게 회사 돈으로 회식을 하러 갔으니 회사가 잘 될 리가 없었다.

창업한 후 몇 개월 뒤에 친동생이 전역하고 회사에 합류했다. 문하생도 2명이나 있었다. 벌어들이는 수입에 비해 책임져야 할 식구들이 너무 많았다. 빚을 내서 가지고 있던 잔고는 금방 바닥이 났다. 그렇다고 우리가 아예 일이 없던 것도 아니었다. 어린이집 공연부터 크고 작은 공연까지 가리지 않고 닥치는 대로 일을 했으며, 마술 외에도 체육대회며 송년회 등 레크리에이션 이벤트 행사도 했다.

S그룹에서 한 달에 서너 번씩 고정으로 진행하는 행사도 했고, 자동차 회사 연수원에 강의도 다녔다. 행사비도 나쁘지 않았다. 그렇게 열심히 살았는데도 불구하고 늘 돈에 쪼들렸다. 이유는 간단했다. 수입보다 지출이 많은 거였다. 지금도 가끔 웃으며 그때 얘기를 제자들에게 들려주곤 한다. 행사비로 30만 원 벌어 와서 회식비로 50만 원을 썼던 때였다고. 그때가 제일 파이팅 넘치고 재미도 있었고 열정도 넘쳤던 때였다고. 그때 우리는 정말 젊고 혈기왕성했다. 그러나 그것만으로 모든 문제가 해결되지는 않았다. 창업하고 2년이 되었을 무렵, 생각지도 못한 곳에서 폭탄이 터졌다. 바로 세금이었다. 이때까지도 나는 세금 개념이 없었다.

세 번째 창업이 실패로 끝난 직접적 요인이 두 가지인데, 첫번째 요인은 매입과 매출에 대한 신고와 세금 납부에 대한 개념이 없었던 것이다. 마술공연을 하는 사업체의 특성상 매입이 별로 없었다. 매입은 없고 매출은 잔뜩이고, 기업체며 관공서가 원하는 대로 세금계산서를 다 끊어 주었다. 가급적 부가세를 별도로 받아야 한다는 기초적인 생각 따위는 하지도 못했다. 따로 세무사를 이용하는 것도 아니었다. 세무신고가 뭔지도 몰랐고, 부가세 신고를 언제 어떻게 하는지도 몰랐다. 그냥 진짜 무식하게 세금 신고를 '무시'했던 것이다. 세금이라는

26

것은 제때 신고를 하지 않거나 제때 납부를 하지 않으면 가산세가 붙어서 금액이 늘어난다. 나도 모르는 사이에 엄청난 세금이 빚으로 쌓여가고 있었다.

두 번째 요인으로, 어설프게 알고 있던 지식 때문에 직원들 급여 신고를 많이 했던 것이 결국 발목을 잡았다. 당시 사업체가 3명의 공동 창업이라고는 하지만, 그건 우리끼리 얘기이고 서류상에는 내가 대표이고 함께 했던 후배들이 직원으로 되어 있었다. 후배들의 급여를 각각 200만 원과 150만 원으로 사업 초기에 급여 신고를 해놓았는데 실제로는 그 정도 급여를 받지 못했으면서 왜 그렇게 했냐면, 서류상에라도 급여가 그렇게 남아있어야 나중에 후배들이 결혼하거나 집을 구할 때 결혼자금이나 전세자금대출이라도 받을 거라는 생각에서였다.

이런 생각들은 정말 내 입장에서 혜택만 생각했던 것이고 여기에 따라붙는 의무는 전혀 생각지 못했던 것이었다. 이렇게 허위로 급여 신고를 해놓고 나서 겪게 된 혹독한 대가는 바로 4대 보험료였다.

지금에 와서 계산해보니, 200만 원 급여를 받는 동생 앞으로는 약 35만 원 정도, 150만 원 급여를 받는 동생 앞으로는 약 25만 원 정도의 4대 보험료가 발생했던 것이다. 그렇다면 대표인 나는 얼마의 보험료가 나왔을 것 같은가? 고용주이니 고용보험, 산재보험은 안 나오더라도 국민연금과 의료보험비가 200만 원 급여를 받는 동생만큼 나왔다.

나중에 4대 보험료 징수기관 담당자와 상담을 하면서, 나는 대표이고 직원들 월급 주고 세금 내느라 정작 돈을 못 벌었는데 내 앞으로 왜 이렇게 4대 보험료가 많이 나왔느냐고 물어보았는데, 그때 상담해주시던 분이 하는 말이, 일반 개인사업체의 대표는 직원 중 최고로 급여를 많이 받는 직원과 동급 이상의 보험료가 부과된다는 것이다. 직원들에게 그 정도 급여를 준다는 것은 대표도 최소한 그 이상은 가져간다고 본다는 얘기다. 결국, 3명에 대한 4대 보험료가 매월 약 90만 원 정도 나왔는데 이걸 2년 가까이 모른 체하고 안 내고 버텼으니, 이 금액만 2천만 원이 넘었다. 결국 2년이라는 시간 동안 번 돈보다쓴 돈이 더 많았고, 몰라서 안내던 세금이며 4대 보험료가 연체되면서 몇천만 원으로 불어났다. 결국 다 빚인 셈이다. 게다가 세금과 4대 보험료를 계속 안 내니 걸핏하면 세무서나 4대보험 징수 기관에서 통장에 압류가 들어왔다. 이때의 빚을 다 갚는 데 몇 년이 걸렸는지 모른다. 도저히 희망이 보이지 않았다. 결국, 보다 못한 친동생이 나서서 그만 회사를 정리하자고 했다. 그렇게 3명의 창업자가 뿔뿔이 흩어지고 나의 3번째 창업은 빚만 잔뜩 남긴 채 실패로 돌아갔다.

네 번째 창업

회사를 정리하면서 남겨져 있던 모든 빚을 내가 다 떠안았다. 제일 큰형이고 스승격인 내가 차마 후배들에게 밀린 세금을 나눠서 갚자고 할 수가 없었다. 오히려 후배들이 실업급여를 받을 수 있도록 챙겨주고 나는 모든 빚을 고스란히 떠안았다. 사실 전체 금액이 얼만지도 몰랐고, 답답한 마음에 알고 싶지도 않았다. 그렇다고 마술을 접을 수는 없었다. 먹여 살려야 할 아내와 아이가 있었고, 나를 바라보는 문하생도 있었으며, 이거 말고는 내가 딱히 할 만한 것도 없었다. 이 무렵 가장 힘든 시기에 마술학과에 출강해서 강의도 시작했다. 어떻게든 다시 일어서야 했다.

실패를 경험 삼아 이번에는 꼭 성공하고 싶었다. 열심히 발품을 팔아 보증금 200만 원에 월 50만 원 월세로 2층에 한 40평 정도 되는 허름한 사무실을 얻었다. 인테리어 같은 것은 생각도 못 했다. 대학에 가 있던 문하생들이 졸업하고 회사로 돌아왔고, 나를 따르던 제자들 몇몇이 내가 차린 회사로 취업을 왔다. 마술사도 있었고, 작지만 연습실과 창고가 분리된, 그리고 내 방이 따로 있는 사무실이었다. 그렇게 다시 사업을 시작했다.

이때가 2008년부터 2009년 말까지 약 2년의 기간이었는데, 정말 열심히 살았다. 고객도 늘어났고, 일도 많았고, 규모도 커졌다. 그런데도 내내 힘들었다. 앞서 실패했던 사업에서 떠안고 온 밀린 세금과 4대 보험료를 내느라 바빴다. 살림도 해야 했고, 함께 있는 직원들도 챙겨야 했다. 이 시기에는 딱히 이렇다 할 기억이 없다. 그냥 열심히 살았다.

그런데도 웬일인지 아무리 해도 빚이 줄지를 않았다. 결국 카드 돌려막기를 하다가 대부업체에서 대출을 받아서 썼고, 빚은 점점 커져만 갔다. 하루가 멀다고 오는 징그러운 빚 독촉 전화에 지쳐 아무것도 할 수 없었다. 그 당시 내가 빚을 갚아야 할 카드사와 대부업체가 6~7개는 되었다. 정말 아무것도 할 수 없었다. 이 시기에 나는 왜 사람들이 빚 독촉에 시달려 자살이라는 극단적인 선택을 하는지도 이해하게 되었다. 사랑하는 아내와 아이가 없었더라면, 그리고 신앙이 없었더라면 나는 이미 이 세상 사람이 아니었을지도 모른다.

결국, 견디다 못해 법원에 개인회생 신청을 했다. 여기저기 나뉘어 있던 빚이 하나로 묶어지고 나니 그나마 숨통이 트였다. 더 이상 빚 독촉 전화에 시달리지 않아도 되었다. 그리고 나에게 5년이라는 시간이 주어졌고, 나는 성실히 그 빚을 갚아나갔다. 개인회생을 통해 5년이라는 시간 동안 모든 금융기관의 빚을 갚고 나서 얼마나 행복했었는지 모른다. 정말 긴 터널을 지나온 느낌이었다. 그러던 중 2009년 말인가에, 그 당시에는 대박이라고 생각했던 엄청난 기회가 찾아 왔다. 그리고 그 기회를 잡기 위해 새로운 시작을 하기로 했다. 그렇게 나의 네 번째 사업을 정리했다.

다섯 번째 창업

2009년이었던 것으로 기억한다. 한번은 모 학습지 회사에 강사들을 대상으로 교육을 간 적이 있는데, 이 인연으로 그 회사와 큰 프로젝트를 진행할 기회가 생겼다. 이 회사가 여러 사업 중에 학습지 사업을 확장해 유아교육 시장에 영어교육 상품을 런칭한 지 일 년 정도 되던 시점이었다.

이 회사는 대기업의 이미지, 그리고 초등 학습지 회사로서의 네임밸류를 앞세워 전국의 유아교육기관(어린이집, 유치원)을 가맹점으로 모집하고 교육 프로그램과 교재를 판매했는데, 어린이집과 유치원의 원장님들을 상대하고 관리하는 것에 있어서 애를 먹고 있는 모양이었다.

얼핏 듣기로는 원장님들이 불만이 많다는 것이다. 대기업이어서 가맹 계약을 했는데, 프로그램 비용은 비싼 데다 뭔가 서비스가 없다는 것이었다. 당시 담당자 말로는 가맹 계약이 2년인데, 작년 가맹 첫해에 그런 불만이 많아서 올해도 이 상태로 간다면 심각한 문제가 생길 것 같다는 것이다. 더욱이, 영어교육 분야에서 유명한 한 기업이 다음 해에 유아교육 시장에 진출하기로 발표한 상태였다고 한다. 그러니 더욱 위기의식을 느낄 수밖에 없었던 것 같다. 아무튼, 이 회사에서는 원장님들의 불만을 잠재울 수 있는, 또는 뭔가 서비스를 해줄 수 있는 것을 찾고 있었는데 그 방법으로 유아교육기관에 방문, 공연을 서비스해주는 것을 생각했던 것 같다.

그런데 문제는 전국에 걸쳐 있는 수많은 가맹점을 커버할 대행사를 찾기가 어려웠던 것이다. 그러던 차에 내가 이 회사의 강사들에게 강의하면서 교육 평가가 좋았고, 대학의 교수라는 신분이 신뢰를 주었던 것 같다.

담당자와 의기투합해서 함께 각 지역의 본부를 찾아다니며 지역본부 관리자와 원장님들을 만나 공연도 보여주고 설득도 하면서 해당 사업부의 결제라인을 타고 한 계단씩 올라가고 있었다. 드디어 전국의 가맹점을 1회씩 방문해서 공연을 해주는 사업 계획을 세웠고 예산 기획을 했다. 당시 내가 제시했던 예산은 약 11억, 이쪽 회사의 사업부에서 제시한 예산은 9억이 조금 안 되는 금액이었던 것으로 기억한다. 대기업과의 10억 전후의 계약이 눈앞에 있었다. 더욱이 담당자가 어떻게든 나와 계약을 하려는 의지도 있었다. 이제 남은 것은 사업 본부장의 결심이었다. 솔직히 나는 이때 정말로 이 계약이 성사되리라고 믿고 있었다. 10억 전후의 프로젝트, 정말 대박이 아닌가.

이런 내용의 논의가 진행되는 중, 나의 사업체는 그 일을 수행하기엔 너무나 초라하고 볼품없는 사업체였다. 혹시라도 상대 회사의 담당자들이 우리 사무실에 방문하면 프로젝트가 깨질 것 같다는 생각이 들 정도였다. 그래서 새롭게 사업체를 열기로 작정했다. 마술공연 기획사에서 교육 관련 기획사로의 탈바꿈이 필요하다고 생각했다. 새로 사업자 등록을 하고, 회사 이름도 그럴듯하게 교육 회사 느낌의 이름으로 바꾸었다. 그리고 사업장을 이전했다. 50평 정도 되는 사무실을 2층과 3층 두 개를 얻었다. 한 층은 연습실과 창고, 다른 한 층은 사무실과 회의실 및 교육실로 꾸몄다. 전 직원들에게 책상과 컴퓨터를 사주었고, 여느 일반 회사처럼 파티션으로 그럴듯하게 회사 분위기도 냈다. 이 과정에서 나를 전적으로 신뢰해주는 형님에게 투자해달라는 명목으로 4천만 원을 빌렸다. 10억대의 계약이 눈앞에 있었고, 충분히 투자 대비 수익금을 줄 자신이 있었다. 그러나 나는 너무 앞서가고 있었다.

지금도 수도 없이 후회하곤 한다. 이때 너무 서두르지 말았어야 했다고 말이다. 계약하고 나서 일을 진행했어야 했는데, 계약도 하지 않은 채 될 거라 믿고 몸집만 불렸던 것이다.

계약과정에서 진통이 있었다. 앞서 말했듯이 내가 제시한 예산과 상대의 예산 사이에 약 3억 정도의 이견이 있었는데, 나는 끝까지 내가 제시한 예산을 고집했다. 지금 생각해보면 정말 어리석었다. 일단 금액이 다소 적더라도 계약부터 해야 했다. 예산이라는 것은 일단 사업을 진행해서 성과만 좋다면 얼마든지 더 올라갈 수 있는 것이다. 만약 상대가 제시한 계약에 응했다면, 그랬다면 아마도 나는 승승장구했을 것이다. 그러나 나는 젊었고, 이유를 모를 오만과 자존심에 가득 차 있었다.

계약이 지지부진하던 가운데, 최종 결제라인에서 이 정도 예산을 쓰고 대행업체를 쓰느니 깨지더라도 자체 사업으로 가

자고 결정 났다고 한다. 하늘이 무너지는 기분이었다. 몇 개월에 걸쳐 전국을 쫓아다니고 여기에만 매달렸는데 모든 것이 다 수포가 된 것이다. 그렇게 대박이라 믿었던 사업기회가 사라졌지만 애써 마음을 추스르며 차근차근 다시 일을 시작해 나갔다. 그리고 언제나 그랬듯이 열심히 살았다.

그렇게 간신히 마음을 다잡고 추스르고 있었는데 계약이 이루어질 것이라는 헛된 믿음 속에 준비했던 모든 것들이 부담으로 다가왔다. 임대료, 각종 유지비, 투자비용에 대한 수익금 반환, 늘어난 식구들… 아무것도 안 쓰고 가만히 있어도 매월 유지비만 150만 원 이상 들어갔다. 한여름과 겨울에는 냉난방비가 추가되어 200만 원 가까이 유지비가 발생했다. 이 시기에 나는 형광등 하나 제대로 끄지 않거나 냉난방기를 켜두고 점심을 먹으러 가는 직원들이 그렇게 원망스러울 수 없었다. 그 모든 것이 다 내게는 출혈이었기 때문이다. 더욱이 이 시기에 회사 직원들이 제일 많았다. 영업자는 나 혼자였고, 나머지는 모두 공연자였다. 내가 아무리 열심히 영업을 따와도, 여러 명의 공연자에게 공연을 분배하기엔 역부족이었다.
나중에 다시 이 부분에 대해서 언급하겠지만, 가장 큰 문제는 회사 운영에 대한 경영능력의 부재였고, 나는 그것을 해결하기엔 너무나 부족한 사람이었다. 그리고 그 모든 짐을 혼자 짊어지고 있었다. 나는 철저히 스스로를 고립시켜 갔다.

사실 이 시기에 회사가 일이 없었던 것은 아니었다. 회사 전체의 연 매출이 거의 2억 전후로 이름 없는 지방의 작은 마술 공연 기획사치고는 그리 나쁜 성적은 아니었다. 그런데 왜 그렇게 어려웠을까? 그때는 이런 것이 보이지 않았는데, 지금에 와서야 눈에 보이는 것들이 있다.

당시 직원들 급여를 줄 여건이 되지 않았고, 급여 대신 내가 직원들에게 해줄 수 있는 것은 초등학교 방과후학교 강의비였다. 그 당시 일반적으로 마술강사를 초등학교에 파견하는 회사들에서는 강의비의 일정 부분을 영업비로 떼거나 도구비에서 이득을 남겼다. 그러나 나는 직원들이 모두 제자들이었고, 다들 동생 같은 사람들이었다. 또 대부분 나를 믿고 안산까지 와서 자취하거나 서울이나 일산 등지에서 2시간 이상씩 출퇴근을 하는 사람들이었다. 그래서 평일 낮에 초등학교 강의를 최대한 나가도록 장려했고, 강의비 전체를 다 본인 수입으로 가져가라고 했다. 도구비에서도 일절 수익을 남기지 않았다.

이런 것들이 내가 직원들에게 급여를 못 주는 대신 해줄 수 있는 유일한 것이었다. 그리고 나는 열심히 영업해서 직원들 공연을 내보내고 약 30%에 해당하는 비용을 영업 마진으로 삼았다. 이렇게 보면, 연 2억 정도의 매출이 발생했다고 하더라도, 이것은 학교 강의 소득을 포함한 금액이므로 실제 공연 매출은 당연히 2억이 안 되는 금액이었다. 여기에서 30%의 영업비를 가져오는 것이 결국 회사의 수익인 셈인데, 그렇게 치면 회사의 수익은 겨우 5천만 원도 안 되는 셈이다. 여기에서 세금도 내야 했고, 사무실 유지비가 월 150~200만 원이었으니 오너인 내가 얼마를 가져갔겠는가. 고작 2천만 원도 가져가기 힘들었을 것 아닌가. 실제로는 그 이하의 금액을 가졌을 것이다.

　새로운 사업체를 오픈하고 2년 정도 지났을 때, 나는 그만 사업체를 정리해야겠다고 생각했다. 사무실 임대기간 만료일을 얼마 남겨두지 않고 직원들에게 회사를 정리하겠다고 선언했다. 그리고 직원들에게 각자 갈 길을 가라고 이야기했다. 그러면서도 한편으로는 당시 가지고 있던 장비들이며 그동안의 거래처, 영업 실적 등이 아까웠다. 그래서 그 당시 팀장이었던 직원에게 떠넘기듯이 모든 것을 넘겨주기로 했다.
　이제 사업체를 그 친구가 운영하고, 내가 사무실에 출근하며 영업을 도와주는 것으로 해서, 사업이 잘되면 장비값으로 얼마라도 받고 아니면 말자는 식의 조건이었다. 회사가 아예 없어지고 장비들을 버리는 것보단 나았으니까. 그렇게 나의 5번째 창업이 실패로 끝났다.

여섯 번째 창업

회사를 넘긴 후, 회사는 새로운 건물로 이전했고 이름도 바꾸었다. 데리고 있던 직원이 오너가 되었고, 나는 늘 하던 일을 하는 영업자였다. 모든 것이 순조로웠는데, 여러 가지 일들로 인해 사업체가 흔들리기 시작했다.

일정한 급여를 받는 직원들이 아니라 근거지로서 사무실을 두고 회사 차원의 일이 있을 때만 같이 움직이고 현실적으로는 각자의 활동이 더 많은 상태였기 때문에, 사무실 운영에 어려움이 많았다. 도저히 바라만 볼 수가 없어서 회사 운영에 관여하기 시작했다. 이전에는 그저 영업만 잘하면 되는 거였지만, 다시 회사를 운영해야 한다는 부담이 생겼다. 그리고 가장 어려웠던 이 시기에 나는 영업팀 직원을 두 명 뽑았다.

그 당시 회사는 오너 운영체제에서 공동 운영체제로 바꾸어 함께 운영하던 때였는데, 내가 영업직원을 뽑아서 영업을 강화하자고 했을 때, 모두 반대했다. 영업직원 급여를 주는 것이 부담스러웠던 것이다. 그러나 나는 이때야말로 영업직원을 추가로 뽑아서 영업 쪽을 강화하는 것이 절대적으로 필요하다고 생각했다. 그리고 잘 될 거라는 확신을 가지고 있었다. 결국, 내가 책임지고 급여를 주기로 하고 영업직원을 뽑기로 했다. 대신 이 사람들을 통해 발생한 일에 대해서 영업비를 내가 갖기로 했다. 구인광고를 냈고 두 명의 영업직원이 합류했다. 나는 새로 시작한다는 각오로 밑바닥부터 다지기로 했다.

지금도 그렇게 생각하지만, TV에 얼굴을 내미는 스타 마술사가 아닌 이상, 오너인 내가 마술사를 직원으로 두고 할 수 있는 가장 안정적인 운영 패턴은, 일이 많지 않은 평일 오전에는 어린이집이나 유치원 공연을 보내고, 낮에는 초등학교 방과후학교 수업을 보내고, 주말에는 축제라든지 여러 이벤트 행사를 뛰게 하는 것이다. 그래서 영업직원이 새롭게 합류했을 때, 당장 영업해서 성과를 낼 수 있는 어린이집, 유치원 영업부터 시작했다.

영업직원을 어떻게 활용했는지는 뒤에서 다시 다루기로 하고, 예상대로 사업이 빠르게 안정되어 갔다. 2013년도 7월경에 영업직원을 채용하고 운영하면서 당장 8월부터 수익이 나기 시작했다. 영업직원들에게는 유아교육기관 관련 영업을 맡겼고, 나는 지역축제라든지 일반 행사 영업 및 기획을 했다. 영업직원을 따로 운영하면서 가장 좋았던 것은, 비록 그들이 작은 영업이지만 꾸준하게 성과를 내주었고 그동안 나는 더 큰 일에 집중할 수 있었다는 것이었다. 처음으로 내가 아닌 다른 사람들을 이용해서 영업성과를 보는 경험을 했다.

그해 겨울, 12월에 대박은 아니더라도 중박 이상은 쳤다고 생각한다. 11월 한 달 동안 영업팀에서 12월 어린이 관련 공연을 98개를 따냈다. 금액으로는 약 3,500만 원 정도의 매출이었다. 그 외에 내가 잡은 송년행사나 이런저런 행사까지 해서 12

월 한 달에만 약 6천만 원 정도의 매출 성과를 만들어 냈다.

함께 열심히 일해준 직원들에게도 기분 좋게 목돈을 나눠줬고, 수고한 영업팀에도 충분한 성과급을 지급했다. 이때 정말 행복했다. 그리고 당시 사무실의 임대기간 만료일이 다 되어가는 시점에서 2006년도 세 번째 창업 당시 함께 했던 후배 한 명이 다시 합류했고, 그 친구가 나에게 둘이서 다시 한번 회사를 차려서 열심히 해보자는 제안을 했다. 그렇게 우리 둘은 의기투합했고, 2014년 이른 봄에 여섯 번째 창업을 했다.

거창하게 창업이라고는 했지만, 겨우 10평도 안 되는 원룸의 사무실에서 사업자 등록하고 일을 시작한 거였다. 기존에 내가 데리고 있던 영업직원 중 한 명은 스스로 퇴사를 했고, 나머지 한 명은 여전히 의욕적으로 열심히 일해주었기 때문에, 재택근무로 돌려 근무를 유지했고, 동업을 제안한 그 친구가 회사 운영과 나름대로의 분야에서 영업을 맡고 나는 지역 축제와 기업행사 등 큰 영업을 하기로 했다.

그러던 중 4월에 세월호 사건이 터졌다. 그때는 우리 사회 전체가 정지했다고 해도 과언이 아니었고, 특히 이벤트 공연 시장은 직격탄을 맞은 셈이었다. 모든 공연이 취소되었고, 아무것도 할 수 없었다. 이에 대한 부담을 느낀 나머지 동업하자고 했던 후배가 창업 3개월 만에 포기 선언을 했다.

결국, 야심 차게 다시 시작했던 6번째 창업은 3개월 만에 실패로 끝났다. 창업을 준비하는 제자들이나 후배들에게 늘 하는 말이지만, 최소 6개월에서 1년 정도는 매출이 없어도 버틸 만한 자본금을 마련해서 창업에 도전하라고 조언해주고 싶다. 그 자본금을 마련하는 기간이 길고 짧은 것은 중요하지 않다. 이 기간에 차분하고 꼼꼼하게 사업 준비를 해야 실패 확률을 줄일 수 있다.

그동안 나는 충분한 운영 자본금이라는 것을 가지고 시작한 적이 없다. 이번 달에 창업했으면 당장 이번 달부터 수익을 내야 했다. 그러나 그렇게 하지 못했기 때문에 늘 시작부터 자금에 대한 압박을 받았던 것이다. 자금에 대한 압박을 받으면 사업하는 사람으로서 시야가 좁아진다. 당연히 사업이 제대로 굴러가기 힘들다. 그동안 일을 해오면서 가장 마음이 아프고 힘들었던 것이, 내가 이 정도의 돈을 투자해서 이만큼 영업 활동을 하면 틀림없이 어느 정도의 수입이 발생할 것을 알면서도 당장 돈이 없어서 영업 활동을 못 하는 것이었다.

일곱 번째 창업, 아직은 순항 중…

2014년 9월 나는 다시 창업했다. 모든 욕심을 내려놓고 반지하 10평짜리 원룸에 둥지를 틀었다. 보증금 200만 원에 월세 20만 원짜리 저렴한 방이었다. 그리고 나는 처음으로 자본금 100만 원짜리 1인 법인을 설립했다.

물론 이번에도 30~40평 정도의 사무실을 얻어 시작할 수도 있었다. 직원도 새로 뽑거나 기존에 함께했던 후배들을 다시 영입할 수도 있었다. 그러나 그동안의 경험으로 무거운 유지비는 절대 금물이라는 교훈을 얻었고, 함께 하던 후배들도 이제 충분히 경력도 쌓이고 능력도 있는 친구들이라 혼자 또는 2~3명이 모여 자기들 나름대로 공간도 만들고 각자 자기 살길을 찾고 있었다. 사실 나에게 필요한 공간은 얼마 되지 않는 나의 공연 장비를 놓아둘 공간과 책상, 그리고 컴퓨터 1대뿐이었다. 늘 그랬듯이 열심히 영업하고 내가 갈만한 공연이면 내가 가고, 후배들이 필요하면 함께 일을 가서 발생한 수익에 대해서 합리적으로 분배하면 되는 것이었다.

그리고 사실, 2014년 9월에 창업할 당시 1년 후 이 책을 쓰겠다는 목표를 가지고 있었다. 자본금 100만 원짜리 작은 회사, 반지하에 보증금 200만 원, 월세 20만 원의 저렴한 공간. 구입한 지 몇 년이 지났는지 기억도 잘 안 나는 중고 컴퓨터와 프린터가 내 전부였다. 원룸에 딸린 화장실에서 비둘기를 키웠다. 후배들에게, 제자들에게 그런 여건 속에서도 잘해낼 수 있다는 것을 보여주고 싶었다. 자본금이 없어서, 사무실이 없어서, 연습실이 없어서 포기하려는 제자들에게 이런 조건에서도 불구하고 잘해낸 나의 모습을 본보기로 보여주고 용기를 내라고 말해주고 싶었다. 그래서 최악의 조건에서 새롭게 시작했다.

2014년 10월부터 본격적으로 일을 시작하고, 창업 후 첫 3개월 동안 약 7,600만 원의 매출을 만들었다. 부가세만 약 530만 원을 냈고, 6개월 뒤에 부가세를 내지 않는 면세사업자로 전환했다. 재무재표를 보니 당기 순이익은 대략 1,400만 원 정도였다. 순이익이 매출 대비 약 20%밖에 되지 않지만, 사실 소요경비 중에 인건비 및 공연자 수당으로 지급한 금액이 매출 대비 40% 수준인 3,000만 원이다. 내가 약 7,600만 원의 매출을 만들어서 나와 내 직원 또는 내 주변에 있는 마술사들이 3,000만 원을 가져가고 1,400만 원이 순이익으로 남았으니 창업 첫 해 1분기에 실적치고는 그리 나쁘다고 볼 수는 없는 것 아닌가.

2015년도 1월에 한해 목표를 매출 2억 원으로, 순이익 30%로 정했다. 그러나 안타깝게도 2015년 봄에 메르스 사태가 일어났고, 전년도 세월호 사태에 버금가는 타격을 입었다. 이 책을 쓰고 있는 2016년 1월 기준으로 아직 세무회계사무실에서 정확한 손익계산서와 재무재표를 넘겨주지는 않았지만, 통장 거래 내역을 기준으로 나름대로 정산해보니 2015년도 총 매출이 1억5천만 원이었으며, 인건비로만 약 9천만 원을 지출했다. 메르스 사태가 없었다면 어쩌면 당초 목표대로 매출 2억 원을 채웠을지도 모를 일이다. 내 나름대로 매출 분석을 해보니, 다음과 같은 수치가 나왔다.

1) 총매출 약 1억5천만 원
2) 총 행사 횟수는 199회, 1회당 평균 매출은 약 75만 원
3) 분기별 매출 현황
   1/4분기 약 1,300만 원
   2/4분기 약 3,100만 원
   3/4분기 약 1,800만 원
   4/4분기 약 8,700만 원
4) 어린이집, 유치원 등 유아 관련 기관 행사 157회, 매출 약 5,600만 원, 1회당 평균 매출 35만 원
5) 학교, 교육지원청 등 교육 관련 기관 행사 19회, 매출 약 1,900만 원, 1회당 평균 매출 100만 원
6) 기획사, 호텔, 리조트 등 기업체 행사 11회, 매출 약 2,500만 원, 1회당 평균 매출 230만 원
7) 지자체, 관공서 행사 총 3회, 매출 약 5,000만 원, 1회당 평균 매출 1,650만 원

이 밖에도 여러 가지 통계를 내보았다. 가장 공연을 많이 간 마술사가 누구인지, 누가 제일 공연수당을 많이 받아 갔는지, 월별 매출 기록은 어떻게 되는지 등등 이전까지는 솔직히 힘들고 답답한 마음에 한 번도 이런 통계를 내본 적이 없었는데, 막상 이런 자료들이 나오고 보니 많은 생각이 들었다. 내가 어디에 역량을 집중해야 하는지, 안정적인 수입원이 어디이고 어떻게 관리를 해야 하는지 등등 새해 계획을 세우는 데 큰 도

움이 되었다.

2016년 매출 목표는 2억5천만 원이며, 순이익은 30%, 더 많은 마술사에게 공연비를 지급하겠다는 야심찬 포부를 가지고 있다. 어쩌면, 2016년도에도 세월호 사건이나 메르스 사태 같은 메가톤급 사건 사고가 일어날지 모른다. 그리고 그러한 어려움 속에 또다시 실패할 수도 있다. 그러나 결코 주저앉지 않을 것이며, 필요하다면 8번째, 9번째, 10번째 창업을 다시 할 것이다.

▲ (주)아티스트뱅크 사무실 사진

왜 나는 수입 때문에
힘들어 할까?

일반적으로 문화예술계에 종사하는 사람들은 수입이 일정하지 않다. 그래서 생활이 어렵다고들 한다. 그렇지만 예술을 하는 사람들이기 때문에 그런 배고픔을 당연하게 생각한다고 알고 있었다. 어느 날 문득, '왜 나는 수입 때문에 힘들어 할까?'라고 진지하게 자문해보았고, 그동안 내가 해왔던 일들을 돌아보고 나서야 그 이유를 알게 되었다.

그전까지는 당연히 그런 줄 알았고, 또 그게 정상인 줄 알았다. 주변의 가까운 마술 관련 업체 대표들이나 프리랜서로 활동하는 마술사들에게 물어보았을 때 자신의 수입을 힘들게 하는 요인으로 가장 많이 꼽는 것 3가지가 바로 '경기불황, 점점 늘어나는 경쟁업체, 낮아지는 공연비'였다. 정말 이 세 가지 이유로 인해서 수입에 어려움을 겪고 있는 것일까?

1) 경기불황: 굳이 마술이 아니더라도 주변에 장사나 사업을 오래 하신 분들의 얘기를 들어보면, 늘 경기는 불황이었고 어려웠다고들 한다. 우스갯소리로 "뭐 언제는 좋았던 적이 있었나?"라고 한다는 것이다.

자, 나는 경기가 계속 불황이어서 일이 잘 안 되고 힘들다고 느끼는데, 다른 한편에서는 이런 가운데에서도 여전히 일을 많이 하는 마술사들이 있다는 것이 신기하지 않은가? 반대로 생각해서 경기가 좋아지면 내 사업도 좋아질까? 경기가 아무리 좋고 여기저기 마술공연이 많아도, 수많은 마술사 가운데 막상 나에게 일이 들어와야 내 사업이 좋아지는 것이다. 즉, 경기 불황이 어느 정도 영향은 있겠지만, 내 사업을 위협하는 결정적 요인은 아니라는 것이다.

2) 점점 늘어나는 경쟁업체: 요즘은 마술사와 마술업체가 참 많다. 인터넷 검색 사이트에서 '마술' 또는 '마술사', '마술공연' 등의 키워드로 검색해보면 엄청나게 많은 사이트나 블로그가 나온다. 정말 엄청나게 많다.

내가 알고 있는 '시(市)' 단위의 어떤 지역에는 마술사 또는 마술 업체가 10곳 정도 있다. 내가 만약 그 지역에 있다면, 지역 내 9개의 다른 업체와의 경쟁에서 이기면 된다고 생각할 수 있지만, 현실적으로 마술공연은 지역적 한계가 없다. 마음만 먹으면 얼마든지 서울에 있는 마술사가 인천도 갈 수 있고, 안양도 갈 수 있으며 청주도 갈 수 있고 대전에도 갈 수 있다.

즉, 지역적 한계를 무시하고 무한경쟁을 하는 것이다. 게다가 기존 업체에서 이탈해서 나온 마술사들이 새롭게 사업체를 여는 경우도 많고, 대학에서 마술을 전공하고 졸업 후 시장으로 뛰어드는 마술사들도 참 많다.

그래서 어려운가? 너무 경쟁이 심해서? 그렇다면 반대로 경쟁이 거의 없는 곳은 어떨까? 어떤 지역은 타지역에서 경쟁업체가 진출하기에는 교통이 멀고 불편하다. 같은 지역 내 경쟁업체가 없거나 있어 봐야 1~2곳이거나 없는 경우도 있다. 거의 독점적 지위를 누리고 있으니 경쟁이 거의 없다고 봐야 한다. 그렇다면, 이 지역에 있는 마술 업체는 대박이 나고 떼돈을 벌고 있는가? 그렇지 않다. 역시 나름대로 어려움이 있는 것이다. 앞서도 언급했듯이 이렇게 경쟁자가 많은 가운데, 어떤 업체는 소위 '잘나가고 있다'는 것이 핵심이며, 계속해서 경쟁업체들이 늘어난다고 해도 사실 내 수입에 어느 정도의 영향은 있을 수 있으나 역시 결정적인 요인은 아니다.

3) 낮아지는 공연비: 경기가 불황이고, 경쟁도 심하다 보니, 도미노 효과로 공연비도 점점 낮아진다고 생각하기 쉽다. 더욱이 이제 막 시장에 진입하는 마술사 또는 업체들은 시장에 진입하기 위해 가격을 낮추어 공격적인 영업을 시도한다. 게다가 프로가 아니더라도 어느 정도 무대에 설 능력이 되는 매니아들이나 학생들은 돈이 문제가 아니라 무대에 서보는 것 자체에 의미를 두기 때문에 크게 돈에 연연하지 않는다.

이런 가운데 프로 마술사들은 어려움을 겪을 수 있다. 그러나 공연비를 낮게 받는다고 해서 쉴 새 없이 공연을 다니는 것도 아니요, 공연비를 비싸게 받는다고 해서 공연이 없는 것도 아니다. 어디에선가는 여전히 나름대로 비싼 몸값으로 공연을 다니는 마술사들도 있고, 주변의 일반적인 공연비 시세보다는 아주 비싸지는 않으나 적당한 수준에서 공연비를 원하는 만큼 받으며 계속해서 공연을 다니는 마술사들도 많다. 그러고 보면 낮아지는 공연비 때문에 내 수입이 어려운 것도 아닌 것 같다.

아마도 이 책을 읽는 독자분들은 머릿속에 두 글자를 떠올릴지도 모르겠다. 혹시 여러분이 생각한 단어가 '실력'인가? 물론 가장 중요한 것이기는 하다. 내가 평소 존경하는 어떤 마술사는 자신의 SNS에 "가장 훌륭한 마케팅은 실력이다"라고 했다. 나는 이 말에 100% 동감한다. 그러나 실력이 좋다는 것과 수입이 좋다는 것은 별개의 문제이다.

주변을 보라. 실력 좋은 마술사가 얼마나 많은가? 그들이 모두 빡빡한 일정 속에 많은 공연을 다니고, 그에 대한 결과로 많은 수입을 올리고 있는가? 훌륭한 실력을 가진 마술사가 소속사로부터 독립해서 창업한 경우 성공확률이 높은가? 출중한 실력이 있음에도 불구하고 수입에 있어서 힘들어하는 마술사들이 부지기수다. 물론 수입이 전부는 아니지만, 내가 좋아하는 이 일을 평생 하려면 당연히 이 일을 통해 돈을 벌고 생계를 유지해야 한다. 마술사는 엄연한 직업인데 말이다. 반면에 발군의 실력이 아님에도 남부럽지 않은 수입을 올리며 열심히 살고 있는 마술사도 있는 것이 사실이다.

경기불황도, 점점 늘어나는 경쟁업체도, 낮아지는 공연비도
아니라면 혹시 내 수입을 위협하는 중요한 요소가 다른 데 있
는 것이 아닐까? 나는 감히 이 요소가 '패턴에서 벗어나지 못
하고 있기 때문'이라고 생각한다.

패턴에서 벗어나라

다음은 내가 운영하는 ㈜아티스트뱅크의 2015년도 1월부터 2016년도 1월까지의 월별 매출기록을 표로 만든 것이다.

〈표1〉

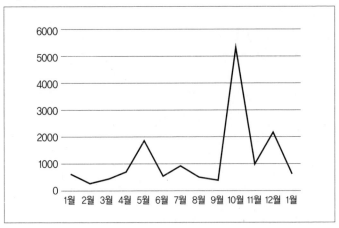

1년 중 상승 꼭짓점을 찍는 달이 5월, 7월, 10월, 12월이며,

매출액 순위로 보면 10월 〉 12월 〉 5월 〉 7월 순으로 나타난다. 그리고 매출이 급감하는 달이 2월, 6월, 9월, 11월로 나타난다.

다음 표는 경우에 따라 높낮이는 다를 수 있지만, 출장공연을 주 사업으로 하는 마술사들에게서 쉽게 나타나는 시기별 수입 곡선을 조금 더 보기 쉽게 상징적으로 나타내는 표이다.

〈표2〉

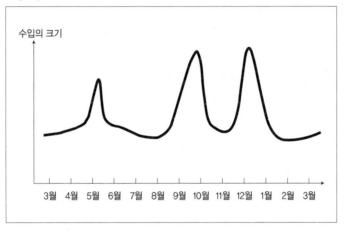

일반적으로 출장공연을 주 수입원으로 하는 마술사들에게 있어서 일거리가 많은 성수기는 바로 5월, 10월 12월이다. 추운 겨울이 지나고 봄이 되는 3월이 되면 일이 많아진다고 생각을 하는데, 사실 3월이 되었다고 해서 무언가가 확 풀리는 것

은 아니다. 조금씩 행사가 생기기 시작하면서 천천히 수입이 올라가다가 5월에 확 상승곡선을 그리게 된다. 그러나 5월은 어린이날을 기점으로 일이 몰리는 경우가 많아 5월 한 달을 놓고 볼 때, 5월 초에서 길어야 중순까지 일이 많은 것이지 5월 한 달 내내 일이 많지는 않다. 5월이 지나고 나면 다시 비수기인 6월이 되고 휴가철인 7, 8월이 된다.

　무더운 여름이 지나고 시원한 바람이 불어오는 가을, 전국에서 지역축제와 다양한 기업 프로모션 행사들이 펼쳐지는 시기이다. 9~10월은 행사 자체가 굵고 큼직한 것이 많아 목돈을 벌기에 좋은 시기라고 할 수 있다. 그러나 11월은 비수기이다. 가을 행사에 집중한 후 살짝 쉬어가며 12월을 준비하는 달이기 때문이다. 딱히 이렇다 할 영업 포커스가 없다. 12월은 크리스마스도 있고, 연말이라 송년행사 등 크고 작은 행사가 참 많다. 열심히 활동하는 마술사들은 이 시기에 하루에도 몇 번씩 행사장을 옮겨 다니며 공연을 한다. 이렇게 열심히 12월을 보내고 나면 또다시 연습과 준비의 계절 1월과 2월이 온다. 더욱이 설날이 끼어있는 2월은 거의 일이 없다. 12월에 충분한 수익을 내지 못했다면 일 년 중 가장 힘든 달이 바로 2월인 셈이다.

　다음 표에 있는 실선은 마술사 또는 마술 업체가 최소 유지를 해야 하는 고정비 수준을 표시한 것이며, 수입 곡선이 실선 아래로 내려간다는 것은 곧 적자를 의미한다.

〈표3〉

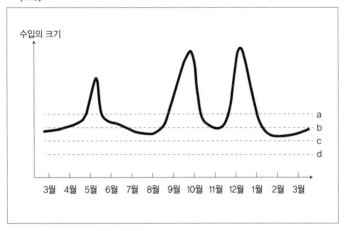

먼저 a의 경우를 보자. 1년 중 성수기 몇 달을 제외하고 대부분의 수입이 고정비 이하에 있다. 즉, 1년 중 돈을 버는 기간이 별로 없고 늘 적자가 발생한다는 뜻이다. 시장진입을 하는 초기 사업자의 경우 또는 영업력이 약한 경우가 여기에 해당한다. 그나마 돈을 버는 시기에 일이 많아서 비수기에 적자를 보더라도 유지를 할 만큼 수익을 내면 그런대로 버틸 수는 있는데, 이 시기에 불가피한 이유로 (국가적 비상사태, 전염병, 개인 신상에 대한 사고 등) 수입이 발생하지 못하게 되는 상태에 있다면, 결국 버티기가 힘들어진다.

다음 b의 경우를 보자. 2~3개월 흑자, 다시 1~2개월 적자를 반복한다. 수입이 있을 때 돈 관리를 잘하면 그럭저럭 버틸 수는 있으나 늘 돈에 쪼들리는 생활을 하게 된다. 삶이 고달프다는 얘기다.

c의 경우를 보면 수입이 아무리 적어도 자신의 유지비 이상은 수입이 발생한다. 고정 공연을 하거나 강의 등으로 기본 수입이 있는 경우가 여기에 해당한다. 그러나 고정 일자리 또는 강의가 없어지거나 수입이 줄어들 경우 언제든지 b의 상태로 갈 가능성이 있다고 볼 수 있다.

d의 경우를 보면, 수입곡선이 항상 고정비 이상에 분포되며, 격차도 크다. 사업이 안정되어있고 지속해서 돈을 벌고 있는 사업체의 경우라고 볼 수 있다.

다음 표를 보자. 좌우 화살표로 표시된 기간은 일반적으로 영업에 힘을 쏟는 시기를 보여준다.

〈표4〉

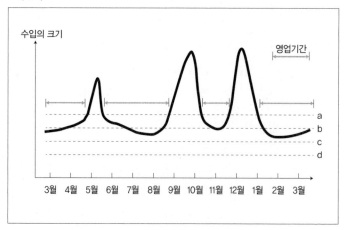

보통 몇몇 스타 마술사를 제외하고는 마술업체의 오너가 회사 운영도 하고 공연도 나가는 경우가 대부분이다. 프리랜서 마술사도 마찬가지다. 그래프를 보면, 3~4월 사이에 공연이 많지 않으니 상대적으로 시간이 많고 바쁘지 않다. 더욱이 5월에 대한 기대치가 있으니 상대적으로 영업에 신경을 쓰고 사람들도 만나고 하면서 준비하고, 그에 대한 결과로 5월에 일거리가 많이 생기게 된다. 또는 굳이 영업을 많이 하지 않더라도 시기적으로 마술사의 수요가 많기 때문에 수입이 상승 곡선을 그리게 된다.

그런데 한창 바쁘게 일을 나가는 5월에는 영업 활동을 활발히 하지 못하는 경우가 많다. 더욱이 6월은 시기적으로도 일이 많이 없는 기간이기도 하다. 그렇기 때문에 다시 비수기가 찾아오는 것이다. 이런 식으로 비수기에 다시 영업하고, 그 결과로 성수기에는 공연 다니느라 영업에 신경을 많이 못 써서 다시 비수기가 오는 패턴이 반복되고 있는 경우가 많다. 가장 중요한 문제는 이런 패턴이 반복되고 있음에도 이 패턴을 당연한 것으로 인정하고 벗어날 생각을 하지 않는다는 것이다.

'원래 7~8월은 덥고 휴가철이니까 일이 없어', '원래 1~2월에는 일이 없잖아. 3월 준비나 하자'라고 생각하기 때문에 패턴에 갇혀 있는 것이다. 마술사는 사람들이 모이는 곳에서 일을 한다. 7~8월에 사람들이 모이는 곳이 어디겠는가? 바로 휴양지이다. 이런 곳에 있는 다양한 행사장과 호텔, 리조트 등에서 일하면 비수기를 성수기로 돌릴 수 있다. 〈표1〉을 보면 7월에도 낮게나마 상승점을 찍고 있는 이유가 7~8월에 호텔이나 리조트에서 일을 만들어서 진행했기 때문이다.

겨울에도 마찬가지로, 겨울이 성수기인 곳에 가서 일해야 하지 않을까? 겨울 스키캠프라든가 온천 등 겨울에 사람들이 많은 곳을 찾아보면 충분히 일을 만들어 낼 수 있다. 지금 당장 통장을 꺼내서 월별 수입 곡선을 그려보고, 각 시기에 내가 앞뒤로 어떤 일들을 했는지 되돌아보면 금방 자신의 패턴을 위의 그래프처럼 그려낼 수가 있을 것이다.

이러한 패턴에서 벗어나려면, 다음과 같이 해보자.

1) 공연자와 회사의 운영자가 분리되는 것이 월등히 유리하다. 또는 비즈니스맨을 별도로 두는 것이 효율적이다. 공연자는 자신이 제일 잘하는 공연을, 운영자 또는 비즈니스맨은 회사가 공연으로 바쁘든 말든 상관 말고 묵묵하게 영업 전선에서 자기가 할 일을 꾸준하게 해주어야 한다. 만약, 자신이 프리랜서라든지 또는 불가피하게 공연자가 오너를 겸해야 한다면, 그는 효율적으로 2명분의 일을 해낼 수 있어야 한다.

즉, 공연도 잘해야 하고 꾸준히 영업도 열심히 잘해야 하는데, 직접적으로 표현을 하자면 이런 것이다. 오늘 오후 2시에 출장 공연이 있다고 가정하자. 11시나 12시쯤 출근해서 공연을 다녀오고 사무실에 복귀하는 5시경 퇴근하거나 개인 볼일을 보고 하루를 마치는 마술사들이 부지기수다.

나의 경우는 적어도 7시~8시 사이에 출근해서 12시까지는 기획안을 만들거나 뭔가 생산적인 업무에 집중한다. 그리고 출장을 다녀와서 다른 마술사들이나 스텝들이 퇴근하고 나면 혼자 컴퓨터 앞에 앉아 저녁이나 밤늦게까지 다시 업무에 집중한다.

연습? 연습은 퇴근 후 개인 시간을 쪼개서 하는 것이지, 업무시간에 연습을 하지는 않는다. 그동안 나는 마술사 직원들에게 늘 이렇게 이야기했다.

"여러분은 프로 마술사다. 마술로 돈을 버는 사람이라면, 마술을 잘하는 건 당연한 것이다. 업무 시간에 동영상을 보거나 연습한다고 시간을 보내지 마라. 연습은 퇴근 후에 개인적으로 하는 것이다. 회사에 몸을 담고 있다면, 출근해서 업무시간에 뭔가 생산적이고 실질적인 일을 해줘야 우리 회사가 더 발전할 수 있다."

사실, 마술사들에게 일반 업무 시간에 연습이 아닌 다른 생산적인 일을 요구한다는 것은 엄청난 업무 부담을 주는 것이다. 오너인 내가 지시한 일이나 스스로 만든 일을 하고 나서, 퇴근 후 개인 시간을 쪼개 연습해서 실력을 키우라고 요구하는 것이기 때문에 매우 바쁘게 하루하루를 보내야 한다. 이런 방식이 무조건 옳다고는 할 수 없지만, 적어도 내가 생각하는 조직에서는 그렇게 해야 한다.

직원들에게도 이렇게 요구를 하는데, 하물며 오너인 나는 회사의 운영자로서 그리고 공연자로서 얼마나 많은 노력을 해야겠는가.

2) 운영자 또는 비즈니스맨은 최소 3~6개월 이후를 미리 바라보고 준비할 수 있는 부지런한 눈과 머리, 손발을 가지고 있어야 한다. 봄에 가을 관련 일을 기획하고 늦어도 초여름에는 움직여야 가을에 충분한 일거리와 수입을 만들어 낼 수 있다. 또한, 이러는 와중에 계절이 바뀌어 여름이 오면 겨울 관련 일을 기획하고 선선한 바람이 불기 전에 움직여줘야 봄에 기획했던 가을 관련 일을 마치고 바로 겨울 일에 투입할 수 있다.

3) 고정 공연 또는 장기공연, 강의 등을 베이스로 깔고 가는 것이 확실히 안정적이다. 그러나 이러한 일들은 자칫하면 기회의 발목을 잡을 수 있으니 주의해야 한다. 그래서 사람이 지정되어 묶여 있는 고정 공연 또는 강의보다는 사람이 바뀌어도 되고 유연하게 움직일 수 있는 고정 공연 또는 거래처가 많을수록 좋다. 그런 면에서 볼 때, 호텔이나 리조트 유원지 등은 매우 훌륭한 거래처라고 생각한다. 이런 거래처를 만들기 위해서 노력하는 것이 좋다.

영업은 세일즈가
아니라 비즈니스다

영업(營業)이라는 단어를 사전에서 찾아보면 다음과 같이 설명하고 있다.

영업(營業): 영리(營利)를 목적(目的)으로 하는 사업(事業)

현실적으로 영업이 잘 안 되면, 그에 대한 결과로 생계가 곤란해지고 결국 마술을 그만두어야 할 위기가 올 수도 있다. 그런데도 마술사들에게 다음과 같이 '영업'이 터부시되는 이상한 풍토가 있다.

- 영업=세일즈(sales)라고 생각하며, 세일즈 자체를 낮게 보는 시각
- 예술가로서 공연을 세속적인 돈과 결부시키면 스스로가 타락하고 낮아진다는 생각

- 영업 및 비즈니스를 위한 교육 또는 경험이 없거나 미약하여 두려워하고 멀리함
- 공연만 잘하면 일이 많이 들어오고 수입도 많아질 것이라는 막연한 기대

영업은 세일즈가 아니라 비즈니스이다. 자신의 사업을 위한 정당하고 당연한 기본 업무에 해당하는 것이다. 아무리 훌륭한 공연 능력이 있어도 무대에 오르지 않으면 무슨 소용이 있는가? 그렇다면 결국 무대에 오르기 위한 노력은 본인 스스로가 해야 하는 것이다. 그것이 바로 영업인 것이다. 상위 1%에 해당하는 스타 마술사라면 굳이 본인이 영업하지 않아도 된다. 대중이 그를 원하며, 그를 대신해서 영업할 사람들이 자연스럽게 옆에 생기기 때문이다. 그러나 그렇지 않다면 스스로 영업해야 하지 않을까?

나는 그동안 살아오면서 내 수입은 내가 직접 만든다는 신조를 가지고 살아왔다. 누군가의 소개나 인터넷 등을 통해 굴러들어오는 일은 보너스라고 생각했다. 혹시 여러분이 마술사로서 수입으로 인해 어려움을 겪고 있다면, 지금이라도 당장 일어나 영업을 시작해야 한다. 소중한 나의 삶을 위해서 말이다. 마술을 잘하는 것도 실력이지만, 영업을 잘하는 것도 실력이다.

영업, 무엇을 어떻게
해야 할지 모르겠다면…

상품을 가지고 있는가?
상품을 만들면 고객이 보인다!

영업을 하기는 해야겠는데, 뭘 어떻게 해야 할지 모르겠고 막막하다는 후배들이나 제자들을 종종 만난다. 이런 말을 들을 때마다 나는 그들에게 되묻는다.

"너희가 잘할 수 있는 것이 뭔데?"

그러면 대부분 이렇게 대답한다.

"마술이요."

그래서 막막하고 영업이 안 되는 것이다. 사실 마술사에게 있어서 영업이라는 것은 단순하다. '고객에게 필요한 상품(공연)을 만들고, 그것을 내가 가지고 있다는 것을 고객에게 알려주고, 고객이 내 상품을 구입할 수 있도록 다양한 노력을 하는 것'이라고 할 수 있다. 사실 이 말 속에는 많은 의미가 담겨 있다.

◆ '고객에게 필요한 상품을 만들고' ➡ 기획

숙련된 마술사는 다양한 대상의 관객들을 만남에 있어서 각기 그에 따른 적합한 공연을 보여주기 위해 애쓴다. 출장공연을 전제로, 고객의 요청에 의해서 그 대상에 적합한 공연을 그때그때 만들어 보여주는 것 보다, 특정 대상의 고객을 염두에 두고 공연물을 만들고 상품화하려고 노력하는 것이 더 효율적이다.

영업의 첫 시작은 고객에게 필요한 공연 상품을 만드는 것이다. 만약 유아를 대상으로 하는 마술공연을 만들었다면, 전국의 어린이집과 유치원이 모두 고객이 되는 것이다. '어린이집이나 유치원을 대상으로 공연할 수 있는 것'과 '어린이집이나 유치원을 대상으로 하는 공연 프로그램을 만들어서 가지고 있는 것'은 분명히 다른 것이다.

초등학생 또는 중고생들을 대상으로 하는 마술공연을 만들었다면 전국의 초중고등학교와 수많은 청소년 단체, 청소년 수련관 등이 고객이 될 수 있다. 대학생들에게 적합한 공연을 만들었다면 전국의 대학교가 고객이며, 지역축제 무대에 올릴 만한 공연을 만들었다면 전국의 지자체와 축제 준비위원회가 고객이 된다. 만약 노인 대상 공연을 만들었다면 전국의 노인복지관, 노인대학, 노인회 등 노인 관련 단체가 고객이 된다.

내가 상품을 만들었기 때문에 고객이 특정화되고, 그때부터 어마어마하게 할 일이 많아지는 것이다.

한 가지 염두에 둘 것은 이렇게 특정 대상을 고객으로 보고 그에 적합한 공연을 만들기 위해서는 고객에 대한 충분한 조사와 연구가 선행되어야 한다. 그 대상에게 왜 이런 공연이 필요한지, 이 고객들은 어떤 것을 선호하는지, 다른 사람들은 어떻게 하고 있는지, 공연장소는 어떤지, 공연시간은 얼마나 하는 것이 적당한지, 공연비용은 얼마가 적당한지 등을 세심하게 고려해야 한다. 이러한 것들에 대한 조사와 준비가 철저할수록 실패 확률이 줄어든다.

대상을 특정하여 공연을 만드는 방법 외에도, 시기와 목적에 맞는 상품을 만드는 방법도 있다. 입학식과 졸업식, 화이트데이와 밸런타인데이, 어린이날과 성탄절, 할로윈데이, 송년모임 등을 예로 들 수 있다.

◆ '그것을 내가 갖고 있다는 것을 고객에게 알리고' ➡ 홍보

특정 대상을 위해 공연물을 만들었다고 가정하자. 이제 해야 할 다음 행동은 무엇인가? 내가 가진 이 공연을 어떻게 고객에게 알려줄 것인가? 당장 고객에게 달려가 나의 마술공연을 보라고 이야기할 것인가?

여기에서 고민해야 할 것이 바로 '매개체와 수단'이다. 말로 설명을 할지, 전단을 만들 것인지, 공연 제안서를 전달해야 할

지 또는 내가 직접 가서 알려줄 것인지 아니면 인터넷이나 잡지에 광고를 낼 것인지, 우편물을 보낼 것인지 등 고객에게 가장 적합한 방법을 결정해야 한다.

그동안의 경험으로는, 관공서나 교육청, 학교, ○○센터 등의 기관에는 제안서를 만들어서 보내고 나서 방문 또는 전화로 담당자와 미팅하고 일을 진행하는 것이 효과적이었고, 어린이집이나 유치원 등은 원장님께 전화로 간단히 상품 소개를 하고 나서 메일로 공연 내용을 보내주는 것이 효과적이었다. 호텔, 리조트, 유원지 같은 관광지나 휴양지 등은 사전 답사 후 여러 가지 주변 조사라든가 실행 가능할 것 같은 프로그램들을 미리 세팅해서 적절한 제안서를 만든 뒤 전화로 방문 약속을 잡고 직접 찾아가 미팅하면서 제안서를 전달하는 것이 효과적이었다.

대상에 따라, 영업을 진행하는 주체에 따라 공략 방법이 다를 수 있다. 그러나 분명한 것은 말로는 홍보에 한계가 있으니 적절한 '문서'가 필요하다는 것이다. 특히, 기관이나 기업을 상대로 공연을 제안하고자 한다면 공연에 대한 정보를 보고 담당자 또는 결재권자가 판단할 수 있도록 한 장짜리 광고 전단이든 소책자 형식의 포트폴리오든 뭔가 제안할 내용을 문서로 만들어 전달하는 것이 필요하다. 마술공연의 특성상 공연 동영상을 전달할 수 있으면 더욱 좋다.

결론적으로 상품을 만들었으면 그다음으로 해야 할 일은 고객을 염두에 두고 그에 적합한 상품 안내물을 만들어서 고객에게 효율적으로 전달하는 방법을 찾아야 한다는 것이다. 실패를 걱정할 필요가 없다. 고객은 많고, 시행착오를 많이 겪을수록 내공이 쌓여 결국은 더 좋은 방법을 찾아내게 될 것이다.

◆ '고객이 내 상품을 사도록 다양한 노력을 하고' ➡ 마케팅

상품도 만들었고, 적절한 전달 방법과 안내물을 만들었다. 하지만 아마도 나의 경쟁자들도 같은 준비를 하고 있을 것이다. 수많은 경쟁자 중에서 고객이 나를 선택할 수 있도록 치열한 노력을 해야 한다. 올림픽에서는 금메달 외에 은메달과 동메달이 있지만, 우리에게 2등은 의미가 없다. 일을 따내지 못하면 그만인 것이다. 2등, 3등이 무슨 의미가 있나. 모든 준비를 하고 경쟁에 돌입한 지금부터가 진짜 시작인 셈이다.

일찍 일어나는 새가 먹이를 먹는다고 했다. 나는 일찍 움직이는 비즈니스맨이 일을 따온다고 생각한다. 나는 고객들에게 공연 상품에 대한 정보를 일찍 주는 것을 매우 중요하게 생각해 왔다. 관공서나 기관 등에는 보통 최소 2~3개월에서 6개월 전에 공연상품에 대한 정보를 전달했고, 어린이집이나 유치원 등에는 보통 1~2개월 전에 정보를 전달했다. 지역축제의 경우 연초에 일괄 영업을 하고, 축제를 앞두고 3개월 정도 전에 담당자들을 만나기 시작한다. 미리 정보전달을 하고 지속해서 전화도 하고 방문도 하면서 관리를 하는 것이다. 이렇게 공을 들여야 그 행사에서의 공연이 내 것이 된다. 보통 규모가 크고

돈이 되는 행사들은 준비 기간이 길다. 임박해서 다급하게 섭외가 들어오는 공연 치고 큰돈 되는 행사는 별로 없다.

다음으로 내가 중요하게 생각하는 것은, 마술공연 외에 내가 더 해줄 수 있는 서비스가 있는지를 생각해보고 고객에게 추가 제안을 하는 것이다. 몇 가지 예를 들면, 나는 출장공연을 다닐 때 음향장비를 별도로 챙겨서 가지고 다닌다. 실내에서 30~50명 내외의 소규모 공연을 할 수 있는 장비부터 운동장 행사를 할 정도의 장비를 가지고 있다.

만약 어떤 어린이집에서 인근 공원에 나가 소풍 행사를 한다고 가정하자. 그리고 마술공연을 섭외하고 있다면, 나는 마술공연에 대한 얘기를 끝내 놓고 나서 원장님에게 야외 행사를 하시는 데 필요한 적절한 음향장비가 있느냐고 묻는다. 미처 그 부분을 생각하지 못했거나, 음향장비 없이 그냥 하려고 한다는 대답이 대부분이다. 그러면 나는, 마침 내가 음향장비를 가지고 있으니 기왕 행사를 가는 김에 조금 더 일찍 가서 음향장비를 설치해주고 행사 마칠 때까지 음향지원을 해주겠다고 한다.

그리고 음향장비에 대한 비용을 적게는 5만 원이나 10만 원 정도 더 받는다. 5만 원이든 10만 원이든 돈을 더 받으면 그 돈으로 오가는 교통비에도 보태고, 행사 마치고 돌아오는 길에 같이 갔던 스텝이랑 기분 좋게 삼겹살이라도 먹을 수 있다. 그러나 돈을 따로 받지 않고 그냥 서비스를 해줘도 괜찮다. 이미 어린이집 입장에서는 충분히 나에게 고마워하고 있고, 내

덕분에 음향장비를 사용해 행사를 잘 마치고 나면 다음에 이런 행사를 할 때 기왕이면 이런 서비스를 해주는 나를 찾게 되기 때문이다. 그리고 이런 경험을 한 원들은 주변에 소개도 잘 해준다.

매년 고정으로 가는 지방의 한 지역축제에서는 메인 무대가 아니고 체험장에 부스로 들어가는데, 행사 내내 체험장에서 내가 가지고 온 음향장비를 사용한다. 마치 DJ처럼 이런저런 음악도 틀어주고, 안내 방송도 해준다. 우리 공연 외에도 다른 공연이나 소소한 행사 등에 내가 가지고 온 음향장비를 사용하니 축제위원회 입장에서는 예산을 절감할 수 있고, 내가 최대한 행사에 협조를 해주니 그들 입장에서는 믿고 맡겨 놓을 수 있어서 편한 것이다. 기왕 가지고 있는 장비 창고에 묵혀 두느니 내가 조금 더 고생해서 가지고 가면 여러모로 나에게 득이 되는데 아낄 필요가 있겠는가.

나는 마술공연 외에도 레크리에이션 강사 일도 한다. 행사에서 사회와 마술을 같이 하다 보니 행사를 준비하는 고객 입장에서는 사회자와 공연자를 따로 섭외할 것을 한 사람만 섭외하면 되니 비용 절감도 되고 효율적이어서 나를 많이 써주었다. 지금은 MC로서의 일은 많이 하지 않지만, 경우에 따라서 마술공연을 가는 곳에 내가 MC로서 해줄 만한 일이 있으면 기분 좋게 서비스한다. 때론 단순하게 사회를 봐줄 때도 있고, 사무실에 있는 게임도구를 몇 개 챙겨 가서 두어 시간 신나게 놀아주고 올 때도 있다.

한번은 다문화지원센터에서 주최하는 1박 2일 캠프에 마술 공연 섭외를 받은 적이 있다. 마술공연 앞뒤 순서 상황을 물어보니 마술공연을 보는 것 말고는 딱히 순서가 없다고 한다. 레크리에이션 강사를 따로 섭외하기에는 예산도 그렇고 좀 애매하다고. 그래서 내가 기분 좋게 공연도 하고 레크리에이션도 해준다고 했다. 음향도 아담하게 챙겨가고 게임도구도 가져갔다. 원래 약속된 시간은 마술공연 30분이었는데, 레크리에이션 한 시간에 마술공연 30분을 하고 왔다. 그리고 한 달도 안 되어서 그 단체에서 진행하는 다문화가정의 날 행사에 사회자로 섭외를 받아 행사 진행을 하고 왔고, 그 뒤로 그 단체 소개로 다른 곳에서 일을 몇 번 한 기억이 있다. 기왕 가는 출장행사에서 레크리에이션 한 시간 서비스해주고 그 뒤에 다른 행사에 초대받거나 소개를 받아 몇 배의 행사비를 벌었다.

물론 매번 이렇게 서비스를 해줄 수 있는 것은 아니다. 서비스는 말 그대로 내가 여건이 가능할 때 해주는 것이지 무리를 하면서까지 해줄 수는 없다. 중요한 것은 내가 그런 서비스를 하기 위해 애쓰고 있다는 것을 고객이 알게 된다는 것이고 그 자체가 고객에게는 고마운 기억으로 남아 결국 나에게 도움이 된다는 것이다. 때로는 이런 서비스가 추가 수익을 가져오는 경우도 있다. 특히 청소년 행사를 할 때 이런 일이 많은데, 마술공연 섭외를 받았을 때 서비스로 마술 배우기 시간을 추가로 제안해보는 것이다. 이 과정에서 예정에 없던 마술도구비 예산이 추가되는 경우도 많다.

본인이 무리하지 않는 선에서 고객에게 해줄 수 있는 서비스가 어떤 것이 있는지 한번 생각해보고 실행해 보기를 권한다.

상품을 다양화하고 적절히 진열하자! 프로모션은 필수!

만약 여러분이 어린이집이나 유치원에서 공연하는 마술사라면, 같은 원에 일 년에 몇 번이나 갈 수 있을까? 그전에 나는 한 번 또는 많아야 두 번이었다. 그리고 당연히 그런 줄 알았다. 그런데 2015년도에 발상의 전환을 해서 새로운 시도를 해보았고, 그 결과 2015년 한 해 동안 어떤 곳은 3~4번, 많게는 6번까지 방문한 원들이 생겨났다. 그것도 한두 곳이 아니었다. 1년에 한 번 또는 두 번을 방문하다가 3~4번 이상 재방문을 하게 된다면, 그리고 그런 거래처가 많아진다는 것은 결국 매출이 비약적으로 늘어난다는 것을 의미한다. 지금부터 내가 했던 새로운 시도에 대해 이야기하고자 한다.

1) 생각의 발단: 우리는 여러 가지 마술을 할 수 있다. 때문에 같은 고객에게 재방문을 하더라도 얼마든지 다른 내용의 마술공연을 해줄 수 있다. 또는 다른 공연자를 보낼 수도 있

다. 그런데 문제는 고객의 입장에서 단순히 '마술'공연이라고 생각한다는 것이다. 이번에 마술공연을 봤으니까 나중에 보든지, 내년에 보겠다고 생각한다.

어느 날 문득 그런 생각이 들었다. 나는 라면을 좋아하는데, 라면을 살 때 한 번에 여러 종류의 라면을 종류별로 사다 놓고 바꿔가며 먹는다. 어제도, 내일도 '라면'을 먹지만, 어제는 'A라면'을 먹었고 내일은 'B라면'을 먹는 즐거움이 있다. 결국 내가 가진 공연물이 각각 다른 내용이라는 것을 고객에게 어필하려면 각기 다른 포장이 필요하다는 생각이 들었다. 그래, 포장을 다르게 하자! 이것이 생각의 발단이었다.

2) 상품의 다양화: 우리 팀에는 그 당시 어린이집 대상의 공연물로 마술공연의 형식과 콘셉트가 완전히 다른 공연물이 여러 개 있었고(어린이 마술 콘서트, 마법사의 대결, 오필리아, 마술사 조와 동물농장, 수리수리 요리조리 등등), 더불어 쉐도우그래피, 샌드애니메이션, 버블쇼도 있었다. 여기에서 말하는 우리 팀에는 함께 일하다가 독립해서 각자 자기 일을 하는 마술사도 있고, 가까운 협력업체도 있다. 아무튼, 늘 가까이 지내는 공연팀을 말하는 것이고, 모든 콘텐츠가 내 것은 아니다.

공연자가 많고 콘텐츠가 많으니 우리는 다양한 공연 상품을 각 어린이집에 보내줄 수 있었다. 각각의 공연에 포장을 다르게 입히기 위해서 각각 적절한 이름을 붙이고, 각 상품에 따라 안내문도 다르게 만들었다. 공연자 의상도, 소품도 모두 달랐다. 공연비용도 제각각이었다. 이렇게 상품을 다양화했다.

'마술공연인데 이번에는 A라는 공연 작품을 가지고 가는 것'이 아니라 'A작품'과 'B작품'은 엄연히 다른 상품이라는 인식을 주고 싶었다. 원에서도 이번 달, 다음 달, 그다음 달에 연속해서 마술공연을 보는 것이 아니고, 이번 달에는 A작품을, 다음 달에는 B작품을, 그다음 달에는 C작품을 본다고 생각하게 해주고 싶었다.

3) 진열: 나는 이맘때 회사의 홈페이지를 새로 만들었는데, 기존의 홈페이지와는 조금 다른 모습이었다. 다른 마술공연 기획사의 홈페이지를 보면 대부분 마술사 소개와 공연 경력 위주의 홈페이지가 많은데, 사실 고객 입장에서는 어떤 내용의 공연이 몇 분 동안 진행되고 비용이 얼마인지가 가장 궁금하다. 그런데 이런 내용을 소개한 홈페이지를 본 기억이 거의 없다. 이걸 알아보려면 직접 전화를 하거나 상담문의 게시판에 글을 남겨서 답변을 기다려야 하니 고객 입장에서는 불편하고 부담일 수도 있는 생각이 들었다. 그래서 홈페이지를 쇼핑몰처럼 만들었다.

각각의 공연을 상품으로 만들어 올려놓고, 고객들이 궁금해하는 부분을 자세히 넣었다. 공연자가 몇 명이 가는지, 어떤 내용인지, 공연 시간은 어떻게 되는지 등을 표기했다. 과감하게 섭외 비용도 오픈해서 넣었다. (우리 팀 내부에서도 공연 상품을 올리는 것은 찬성이지만, 자기 작품에 비용을 표기하는 것을 반대하는 공연자도 있었다. 그리고 현실적으로 금액을 넣지 않은 공연 상품이 제일 안 팔리는 결과를 가져왔다.)

그러고 나서 어린이집 원장님들에게 홈페이지에 어린이집 방문 공연 상품이 있으니 보시고 선택하면 된다고 알려주었다. 전에는 어린이집에 영업할 때, 시기마다 공연상품을 만들어서 보냈는데 이제는 홈페이지를 알려주고 고르라고 한다. 일반 문의전화가 와도 휴대전화로 홈페이지에서 적당한 상품을 골라 URL을 복사해서 보내주었다. 참 편리했다. 그리고 실제로 고객들도 홈페이지에서 상품을 선택해서 섭외 요청을 하는 경우도 차츰 많아졌다. 가끔은 내가 고객에게 50만 원을 제시했는데, 고객이 홈페이지에는 40만 원이라고 나와 있는데 왜 50만 원이라고 하느냐고 묻는 경우도 있었다. 그만큼 고객들이 홈페이지를 보고 내용을 인지한 후에 전화를 한다는 뜻이다.

4) 프로모션: 여러 개의 공연 상품 중에 매달 하나의 공연을 정해서 할인 프로모션을 걸었다. 예를 들어 4월엔 마법사의 대결, 5월엔 쉐도우 그래피, 6월엔 샌드 애니메이션, 7월엔 버블 쇼 이런 식으로 달마다 특정 공연을 할인했는데, 이렇게 하면 개별 단가는 약간 떨어지지만, 공연자 입장에서는 여러 명의 공연자 중에서 그 기간만큼은 자신의 공연물이 많이 나가게 되니 목돈이 들어오게 된다. 회사에서는 누가 공연을 나가든 수익 분배에는 큰 차이가 없다. 그리고 할인 이벤트는 그 한 달

뿐이고, 공연자가 공연을 잘했다면, 다른 기간에 이 공연을 부를 때는 충분히 정상 비용을 받을 수 있다고 생각했다. 공연자가 잘해줄 거라는 신뢰가 없으면 할 수 없는 프로모션이었다.

이렇게 해서 사전 예약을 받아보니, 이미 3월에 7월까지의 공연 일정이 잡혔다. 그리고 나서 간간이 들어오는 공연은 비어있는 날짜로 넣으면 된다. 나는 안정적인 수입원을 확보했으니 이제 기업체나 지역행사 등을 위한 영업에 집중할 수 있어서 매우 효율적이었다.

▲아티스트뱅크 상품 안내 및 상세 페이지

실전 노하우 공유

고객의 일을 도와주면
고객도 나를 도와준다

마술사와 고객의 관계는 정말 단순명료하다. '고객은 행사에 나를 섭외하고 나는 공연을 잘 해주면 그만이다. 더 이상 무엇이 필요한가?'라고 생각할 수 있지만, 내가 조금 더 세심하게 고객의 입장을 배려해서 담당자의 일을 도와주면 나도 도움을 받을 수 있다.

나는 보통 관공시나 기업체의 행사 담당자와 일할 때 여러 가지를 세심하게 챙겨주는 편이다. 내 견적을 제출할 때, 타업체 비교 견적을 받아서 함께 제출한다든지, 행사에 필요한 홍보물에 들어갈 이미지나 포스터 같은 것을 미리 제공해준다든지, 행사 직후 정산 업무에 필요한 여러 가지 서류들을 고객이 말하지 않아도 미리 챙겨서 보내준다. 또는 그 담당자가 마술 외에 다른 공연물을 추가로 섭외하고 있으면 적절한 공연자를 추천해주기도 하고, 담당자가 놓치고 있는 부분이나 행사에서 나를 더 잘 활용할 수 있는 방법이 있으면 진심을 담아 조언을 아끼지 않는다.

나와 일을 하는 담당자들은 이렇게 미리미리 알아서 챙겨주는 내가 편하다고 이야기들 한다. 때로는 담당자보다 내가 더 서류나 업무에 밝은 경우가 있어서 도움을 주고 덕분에 수월하게 행사를 마쳤다는 말을 들을 때도 있다. 만약 여러분이 고객이고, 담당자라면 기왕이면 편하게 일할 수 있는 사람과 하고 싶지 않겠는가? 내가 조금 귀찮더라도 조금만 더 고객을 도와줄 수 있으면 그만큼 고객도 나에게 보답을 한다. 어차피 사람이 하는 일이기 때문에 인지상정이라고 생각한다. 갑과 을의 관계를 넘어 서로 조력자가 되기 위해 노력해야 한다.

나를 사용하는 방법을 알려주면
공연 상품이 더 잘 팔린다

앞서 언급한 고객의 일을 도와주는 것과 연장선상에서, 고객이 나를 잘 활용할 수 있는 방법과 기대 효과 등을 알려주면 공연 상품이 더 잘 팔릴 수 있다.

예를 들어 태권도장 관장님에게 마술공연을 제안한다고 가정하자. 태권도장은 관장님이 관원들을 위해 서비스 개념으로 마술공연을 열어주는 경우가 대부분인데, 현실적으로 관장님 입장에서는 이런 서비스는 해도 그만 안 해도 그만인 것이다. 게다가 주머니 사정이 넉넉하지 않은 도장에서는 몇십만 원을 들어 마술공연을 열어주는 것은 부담스러울 수 있다.

그런데 이런 마술공연 이벤트가 관원 모집에 도움이 될 수 있다고 하면 얘기는 달라진다. 태권도장 입장에서는 서비스가 아니라 마케팅 수단이 되는 것이다. 그래서 나는 태권도장에 마술공연을 제안할 때, 신학기 또는 방학을 앞두고 '관원 친구 초대 이벤트'로 마술공연을 제안한다. 그리고 관장님에게 홍보에 활용하실 수 있도록 현수막 이미지도 만들어주고, 초대권도 만들어서 보내준다. 그러면 관장님은 내가 주는 자료로 현수막도 만들어서 걸고, 초대권도 인쇄해서 관원들에게 나누어 줄 수 있다. 관원들은 이 초대권을 가지고 친구들을 초대한다.

그동안 50명의 관원에게 서비스로 보여주던 마술공연에 100명이 넘는 아이들이 바글바글하게 모이는 것이다. 그리고 관장님은 이날 경품 추첨도 하고 간식도 주면서 아이들과 친해지기 위해 노력할 것이다. 어떤 태권도장은 마술공연에 앞서서 태권도를 잘하는 몇몇 관원들을 뽑아 멋진 태권도 시범을 보여주기도 한다. 이러한 모든 것들이 신입 관원들을 받기 위한 노력인 셈이다.

이렇게 해서 단 한 명이라도 신입 관원이 생기고 그 아이가 일 년을 도장에 다닌다고 하면, 이벤트 행사비 몇십만 원은 충분히 뽑고도 남는다. 서비스로의 30만 원은 아까운 돈이지만, 마케팅 수단으로서의 50만 원은 투자의 개념인 것이기 때문에 타당하다고 생각하면 얼마든지 돈을 쓸 수 있는 것이다. 그래서 단순히 "마술공연을 보세요"라고 제안하는 것보다 "마술공연을 이용해서 신입 관원 유치 행사를 해보는 건 어떨까요?"라고 제안하는 것이 행사를 따낼 확률이 훨씬 높다.

　몇 년 전에 S보험회사에서 새로 출시한 보험 상품을 홍보하는 행사에 참여한 적이 있다. 몇 개의 홍보 이벤트 팀이 전국의 주요 거점을 돌면서 거리공연도 하고 상품 홍보도 하는 그런 행사였다. 당시 담당자는 나에게 거리에서 사람들을 모을 수 있도록 무대공연을 해달라고 요청했다. 그때 나는 담당자에게 우리 마술사들이 무대공연도 잘하지만, 사람들에게 다가가서 직접 눈앞에서 보여주는 마술도 잘하니 카드마술 중에 보험 상품을 홍보하는 카드를 만들어서 사람들에게 나누어 주겠다고 제안했다. 당시 담당자의 반응이 매우 좋아서 좋은 비용으로 행사를 진행했던 경험이 있다.
　마술사인 우리 생각과는 달리 고객들은 우리를 어떻게 활용해야 할지 모르는 사람들이 대부분이다. 그들에게 우리를 어떻게 활용하면 좋은지, 어떤 효과를 기대할 수 있는지 설명할 수 있다면 더 많은 공연을 따낼 수 있다고 생각한다.

고객에게서 또 다른 고객을 찾아라!

내가 소속사에서 독립해 세 번째 창업을 했을 때, 내가 있던 안산 지역에는 전혀 인맥이 없었다. 그래서 초기에는 고객을 만들기 위해 참 많은 노력을 했는데 대부분 무식하고 성공 확률이 낮은 방법이었다.

일일이 고객을 찾아다니며 인사를 하고 명함을 건네기도 했으며, 몇천 통씩 DM을 뿌리기도 했다. 수천 통의 팩스도 보내보았으며, 현수막도 걸어보고, 사람을 시켜 광고지를 나눠주기도 했다. 그런데 이런 방법들은 대부분 성공 확률이 지극히 낮다고 할 수 있다. 되돌아온 우편물이 몇 개며, 제대로 송신되지 않은 팩스가 몇 번이었는지….

그럼에도 불구하고 나는 이제 막 사회생활을 시작하는 제자들에게 한 번쯤 이런 방법들을 해보라고 권유한다. 왜냐하면, 이렇게 고생을 해보면 고객을 만드는 것이 얼마나 힘든지, 한 명의 고객이 얼마나 소중한지를 깨달을 수 있기 때문이다. 또한, 아무것도 없는 상태에서는 이런 방법이라도 써야 한두 명의 고객이라도 만들 수 있으며, 진정한 영업은 거기에서부터 시작되기 때문이다.

산속의 거대한 나무를 생각해보자. 아무리 크고 가지가 많은 나무라 할지라도 시작은 보잘것없는 한 알의 씨앗이었을 것이다. 그렇게 장차 큰 나무가 될 한 알의 작은 씨앗처럼, 한 두 명의 고객으로부터 거대한 인맥이 형성될 수 있다.

고객을 통해서 또 다른 고객을 소개받는 것이 그동안 해봤던 모든 영업방법 가운데 가장 쉽고 효율적인 영업방법이었다. 대상이 공무원이든, 학교 선생님이든, 기관 담당자이든, 어린이집 원장님이든 내 공연을 보고 나에게 우호적인 감정을 가지고 있는 고객은 충분히 주변에 그들과 비슷한 업무를 하고 있는 다른 고객들에게 나를 소개해줄 수 있다. 힘들게 만든 고객에게 가서 공연만 하고 그냥 돌아오지 말고, 말 한마디라도 주변에 소개 부탁드린다는 말을 하고 돌아와야 한다. 그렇게 고객 한 명이 두 명이 되고, 두 명이 네 명이 되는 것이다.

만약 나를 다른 고객에게 소개해주는 고객들이 있다면, 철저히 보상해야 한다. 가장 쉬운 예로 어린이집의 경우를 보면, 우리 회사는 같은 공연이라도 신규 고객과 기존 고객에 대한 금액이 다르다. 비용이 40만 원인 공연이라면, 신규 고객은 40만 원이고 기존 고객은 35만 원이다. 그러나 다른 원을 통해 소개로 계약하게 되는 원에는 신규 고객이라도 35만 원에 해준다. 그리고 나를 소개해준 원에는 다음 행사에서 30만 원으로 할인해주거나, 35만 원에서 더 크고 풍성하게 공연을 해주는 방식으로 보답한다.

때로는 고객이 고객을 불러 함께 계약하는 경우도 있다. 일종의 공동구매인 셈인데, 내가 지방에 있는 어린이집, 유치원 공연 섭외가 들어올 때 종종 고객들에게 제안하는 할인이벤트가 있다.

구분	1개 원	1+1 이벤트 1일 2개원	1+2 이벤트 2일 3개 원	2+2 이벤트 2일 4개 원
공연비	50만 원	각 원당 45만 원	각 원당 40만 원	각 원당 35만 원
A원 (소개원)	50만 원	40만 원	35만 원	30만 원
총수입	50만 원	85만 원	115만 원	135만 원

* 2일 행사의 경우 화수, 수목 이런 식으로 날짜가 붙어 있어야 함

공연을 요청하는 A원에서 단독으로 공연하겠다고 하면 정 상금액 50만 원을 받고 가야 한다. 그러나 A원이 자기네 원은 오전에 하고, 낮에 한 개 원을 더 할 수 있도록 소개해준다고 하면 소개받는 B원은 45만 원에, 소개해주는 A원은 40만 원 에 공연을 해준다. A원 입장에서는 인근에 친한 B원 하나를 소개해주고 10만 원을 아낄 수 있고, 나는 별도로 영업하지 않 고 한 번 더 공연해서 추가 수입이 생길 수 있다. 소개를 받은 B원 역시 원래 공연비가 50만 원인데, 10% 할인해서 45만 원 에 공연하는 것이어서 손해 볼 게 없다.

물론 소개를 해준 A원이 40만 원에 공연한다는 것은 굳이 말하지 않아도 되며, 혹시 알게 되더라고 명분이 있으니 문제 될 것은 없다. 만약 소개받은 B원이 자기네도 40만 원에 해달 라고 요구하면, 다른 C원을 소개해 달라고 부탁하고, 그 조건

으로 40만 원에 해주면 된다.

어차피 내 입장에서는 기왕 내려가서 50만 원을 버는 것보다는 한 번 더 공연하고 85만 원을 벌면 그게 더 좋은 것이다. 이렇게 해서 소개해주는 원이 많을수록 그에 대한 보상으로 공연비를 더 아낄 수 있다면, A원은 더 많은 원을 소개해서 비용을 아끼려고 노력할 수도 있다. 이렇게 해서 2일 동안 4개 원을 방문하고 올 수 있다면, 나는 A원을 통해서 50만 원이 아니라 135만 원의 수익을 올릴 수 있으니 얼마나 좋은가. 숙식 등의 경비를 빼더라도 훨씬 이득이다. 그리고 이런 방법은 여러분이 생각하는 것보다도 훨씬 더 효과가 좋다. 그리고 앞으로도 나는 이런 방식을 유지할 것이다.

사실 비용을 깎아주는 것이 무조건 정답은 아니다. 어린이집이나 유치원의 경우는 비용에 매우 민감하기 때문에 그것에 맞게 비용으로 관리를 하는 것이지만, 기업 행사에서는 약간의 비용을 깎아 주는 것은 의미가 없다. 오히려 돈을 더 내더라도 좋은 공연을 원하는 경우가 많다. 그러니 대상에 따라 적절한 관리 방법을 찾아야 한다.

신규 고객을 만드는 것보다
기존 고객을 유지하는 것이 더 중요하다

예전에 우리 회사는 공연을 다녀오면 담당 공연자가 공연보고서라는 것을 제출하게 되어 있었다. 고객의 이름과 연락처는 물론 행사 장소가 어디인지, 대상이 누구인지, 인원이 얼마나 되었는지, 어떤 공연을 했는지, 반응은 어땠는지, 혹시 무슨 문제점은 없었는지, 소요된 시간과 경비가 얼마였는지, 공연비를 어떻게 배분하는지 등을 모두 기록하였다.

이 보고서를 만든 이유는 두 가지였는데, 하나는 공연 수입에 대한 배분을 회사 구성원들이 명확하게 알게 하기 위함이었고, 두 번째는 같은 곳을 재방문했을 때, 공연 내용과 당시 출장 갔던 담당 공연자를 기록해 두어서 다음 공연 때 겹치지 않는 공연을 하기 위해서였다.

다섯 번째 창업이 실패로 끝나고 주변 정리를 하고 있을 때였는데, 직원이었던 마술사가 지난 3년간의 공연보고서를 살펴보고 이런 얘기를 하는 것이었다.

"대표님, 제가 어제 지난 3년간의 공연보고서를 살펴봤는데요, 재방문이 거의 없어요."

이 말을 듣는 순간, 정말 세게 머리를 얻어맞은 기분이 들었다. 우리가 그렇게 공연을 못했나? 행사 마치고 잘해줘서 고 맙다는 말을 많이 들었는데? 그리고 매년 비슷한 수준으로 일을 많이 했는데? 그랬다. 나는 지난 3년간 열심히 새로운 고객을 만드는 데 열을 올리고 있었을 뿐, 기존 고객들을 관리해서 다시 방문하겠다는 생각을 하지 못했다.

'우리가 잘하면 당연히 다시 연락이 오겠지'라고 막연하게 생각했던 것이다. 그러니 공연을 가는 직원들에게도 공연 마치고 소개 부탁한다는 말을 하라고 가르쳐 본 적이 없었고, 기존 고객들에게 안부 전화는 고사하고 안부 문자 한 번 보낸 적이 없었으니, 기존 고객들이 다른 회사와 행사를 했어도 할 말이 없는 것이다. 결국 모두 내 탓이었다.

내가 한 해에 50개의 새로운 고객을 만들 능력이 있다고 가정하자. 그러나 기존 고객을 유지하지 못하면 매년 힘겹게 새로운 고객을 만들어도 늘 수입은 제자리이다. 그러나 고객을 관리해서 내년도에 기존 고객의 50%를 재방문한다고 하면, 기존 고객 재방문 25개 + 신규 고객 50개 = 75개의 고객에게 수익이 창출되는 것이며, 그다음 해에는 37개의 기존 고객 + 50개의 신규 고객 = 87개의 고객에게서 수익이 창출되는 것이다. 결국, 나의 수익이 더 커지기 위해서는 기존 고객을 잘 관리해서 재방문 횟수를 늘리는 것이 가장 효율적인 방법이다. 이런 일들을 겪고 나니 고객을 관리하는 데 어느 정도 요령이 생겼다.

현재 우리 회사는 고객과의 행사 상담 및 계약을 하고 나면, 구두로 협의가 되었건 정식 계약서를 썼건 상관없이 영업했던 사람이 행사 내용을 요약해서 문자를 한 통 보낸다. 그리고 그 행사에 가는 마술사를 선정하면 담당 마술사가 나에게 공연배정을 받은 즉시 고객에게 확인전화를 해서 자신이 담당자임을 알려주고 특별히 문제가 있거나 행사 진행에 추가 요청 사항이 있으면 알려달라고 안내를 해준다.

그리고 나서 행사 3일 정도 전에 다시 한번 담당 마술사가 고객에게 최종 확인전화 또는 확인문자를 보낸다. 이렇게 해서 행사가 종료되고 나면 대표인 내가 또는 영업 담당자가 고객에게 직접 전화를 해서 감사의 인사를 건네며 더불어 고객의 냉정한 평가도 받고 다음 행사를 위한 작업을 한다. 이 과정에서 고객에게 부정적인 피드백을 받았다면, 필요에 따라 행사를 나갔던 담당 마술사에게 전달해서 개선하도록 지시한다. 아무리 작은 행사라도 이렇게 관리를 받은 고객들은 우리가 행사에 신경을 많이 써준다고 생각하며 우리를 신뢰하게 된다.

성공을 부르는 상담기법은
고객의 입장에서 생각하는 것이다

고객의 입장에서 생각한다는 말은 우리에게 얼마나 익숙한 가? 그러나 이것을 실천하는 것은 결코 쉬운 것이 아니다. 우리는 고객의 요청으로 공연하는 것에 너무나 익숙해져 있다. 고객과 상담할 때 고객의 입장에서 행사를 바라보면 더 좋은 결과를 이끌어낼 수 있다.

◆ 30만 원 행사가 100만 원이 되다.

한번은 고객에게서 마술공연을 섭외하고 싶은데 방문상담을 와줄 수 있느냐는 전화가 걸려왔다. 방문을 해보니 500평 정도 규모의 도심형 영어마을이었다. 인테리어를 마치고 곧 오픈을 준비하는 영어마을의 원장님이 마술공연을 하고 싶다는 것이다. 그래서 어느 정도 규모의 공연을 생각하시는지, 얼마의 예산을 생각하고 계시는지 물어보았더니 돌아온 대답이 30만 원이었다.

마술공연을 한다고 주변에 홍보하면 아이들이 많이 올 것 같아서, 즉 영어마을에 주변 아이들을 많이 불러모으기 위해서 마술공연을 생각했다는 것이다. 행사 장소의 규모를 보고 내심 큰 행사를 기대하고 있던 나는 금액이 너무 적어 직접 방문을 온 것조차 아깝다는 생각이 들 정도로 실망스러웠다. 그냥 그 자리에서 "알겠습니다!"하고 돌아와서 직원을 한 명 보내 행사를 마치면 그만이었다. 그런데 아무리 생각해봐도 나는 이 행사가 영어마을에 도움이 될 것 같지 않았다. 그래서 이렇게 제안을 했다.

"원장님, 제가 볼 때는 여기서 마술공연을 한다고 주변에 홍보를 해봐야 아이들이 많이 올 것 같지도 않고 별 도움이 안 될 것 같습니다. 이렇게 시설이 좋고 넓은데, 더 적극적으로 효율적인 홍보를 하시면 좋을 것 같은데요."
"뭐 좋은 방법이 있을까요?"
"원장님, H대형마트가 마침 가까우니까, 토요일 오후 마트에 사람들이 한창 많을 때, 거기서 영어마을 홍보를 할 수 있도록 해드리면 하시겠습니까? 비용은 조금 더 나올 것 같습니다."
"H대형마트에서요? 그게 가능한가요? 그렇게만 할 수 있으면 너무 좋죠!"

그러고 나서 나는 바로 H대형마트에 고객 대상 이벤트 행사 담당자를 찾아갔다. 그리고 이렇게 제안을 했다.
토요일 오후 가장 사람이 많을 시간에 우리 마술공연팀이 무료로 마술공연을 해주겠다. 대신 인근에 새로 생긴 도심형 영어마을이 있는데, 거기서 나와서 간단한 광고지도 나눠주고 원어민 선생님들이 무료 레벨테스트랑 영어 학습상담을 할 수 있게 해달라. 공연도 보고 학습상담도 받고 이벤트 행사로서 좋지 않으냐고 말이다.

공연팀이 와서 무료로 이벤트를 해준다는데 H대형마트 담당자가 거절할 이유가 없지 않은가? 당연히 오케이 사인이 나왔다. 그리고 나는 영어마을 원장님을 다시 만났다.

"원장님, 다음 주 토요일 오후 1시에서 4시 사이에 H대형마트에서 저희가 마술공연도 하고 간단한 게임도 하면서 광고지도 나누어주고 원어민 선생님들 오셔서 아이들 영어 레벨테스트랑 학습상담을 해주기로 했습니다."

영어마을 원장님이 정말 고마워한 것은 두말할 것도 없다. 그리고 나는 마술공연 50만 원, 음향장비 20만 원, 행사진행 MC 30만 원 이렇게 합계 100만 원 견적을 냈고 원장님은 기분 좋게 비용에 합의했다. 그리고 나는 서비스로 영어마을 광고 전단을 만들어 줄 테니 홍보내용만 좀 정리해서 달라고 했고, 전단 만드는 비용은 실비용으로 별도로 달라고 했다. 내 입장에서는 원장님에게 받은 내용을 광고지 만드는 업체에 전달만 하면 그만이니 크게 신경 쓸 일도 없었다.

결국, H대형마트는 돈 한 푼 안 들이고 고객 대상 이벤트 행사를 할 수 있었고, 영어마을에서는 더 좋은 곳에서 더 많은 사람에게 효과적으로 홍보행사를 할 수 있었고, 나는 애초에 받을 행사비 이상을 벌었다. 그리고 그날 행사에 왔던 H대형마트 고객들은 무료로 공연도 보고 이벤트에 참가도 하고 학습 정보도 얻었다. 누구 하나 손해 본 사람이 없었고, 모두 win&win이었다. 결과적으로 행사는 모두 잘 마쳤다.

만약 영어마을 방문상담에서 내가 고객의 요청만 듣고 자리에서 일어섰다면 이런 결과는 없었을 것이다. 고객 입장에서 고객에게 필요한 것이 무엇인지, 내가 할 수 있는 일이 무엇인지 생각하고 고객을 위해 제안을 했기 때문에 그런 좋은 결과가 나왔다고 생각한다.

◆ 지역축제에서 역대 최고가 금액의 계약을 따내다.

내가 몇 년째 참가하는 지방의 한 축제가 있다. 우연한 기회에 인연을 맺게 되어 5년 동안 매년 참가를 하게 되었는데. 매년 나와 함께 가는 마술사를 교체해서 갔기 때문에 공연 내용도 다르게 할 수 있었고 관광객들 반응도 좋았다. 하루에 3번 정도 공연하는 체험장 소무대였는데, 매번 우리가 공연할 때마다 가장 많은 사람이 몰려들었다. 당연히 담당 공무원들도 우리 행사에 만족스러워했고 우리에게 우호적이었다. 그렇게 3년 차까지는 마술공연만으로 충분히 괜찮았는데 4년 차를 앞두고 축제에 들어갈 생각을 하니 뭔가 모를 답답함과 불안감이 들었다.

'이 축제에서 매년 이렇게 마술공연을 넣을 이유가 있는가. 혹시 타 업체에서 더 좋은 공연을 제안하거나, 더 낮은 비용으로 마술공연 경쟁이 들어왔을 때 과연 내가 이길 수 있는 경쟁력이 있을까'라는 생각이 들었다. 9월 말에 시작되는 축제인데 1~2월 내내 이 고민을 하고 있었다. 이 축제를 놓치지 않기 위해서 이런저런 자료를 찾아보고 고심을 하다가 우연히 그해 축제의 주제와 슬로건에 대한 신문 기사를 보았다. 정말 하늘이 주신 기회였다.

그 기사를 읽고 축제의 목적, 주제와 부합하는 공연물을 만들어야겠다는 생각을 했다. 축제 자체가 역사문화축제여서 공부를 해야 할 것이 많았다. 오로지 목표는 단 하나였다.

'이 축제의 목적, 축제와 부합하는 콘텐츠로 축제에 녹아들어야 한다. 우리가 할 수 있다면, 꼭 마술이 아니어도 괜찮다.'

가까운 협력업체로부터 도움도 받고 내부적으로도 많은 준비를 했다. 다행히 축제와 부합하는 공연물을 만들어낼 수 있었고, 축제 담당자에게 기존의 마술공연 콘텐츠와 별개로 새로운 콘텐츠에 대한 제안서를 제출했다. 그리고 그해 기존 마술공연으로 받았던 공연비의 2배에 해당하는 금액으로 새로운 콘텐츠를 가지고 축제에 참여하게 되었으며, 그다음 해에도 축제와 부합하는 주제로 공연 콘텐츠를 더 풍성하게 키워서 전년도에 받았던 공연비의 2배에 해당하는 금액으로 행사를 따냈다.

처음 2명이 가던 행사가 5명이 되고 그다음 해에 8명으로 공연팀이 늘었다. 그동안 출장공연으로 계약했던 금액 중에 단

일 행사로는 역대 최고가였다. 나와 함께 공연에 들어갔던 공연자들 모두 목돈을 벌었다. 그동안 아무리 좋은 마술공연을 제안해도 한계가 있던 공연비가 축제와 부합하는 콘텐츠로 탈바꿈하면서 기존 마술공연으로 받던 공연비의 몇 배가 되는 경험을 했다.

내가 강의하는 동아인재대학교의 마술학과에서는 2학기가 되면 2학년 졸업반 학생들에게 지역축제를 공략하는 방법을 가르쳐주는 수업을 한다. 이 수업의 핵심은 마술사의 입장에서가 아니라 축제위원회의 입장에서 축제를 분석하고, 그 축제에 부합하는 공연물을 만들어낸 뒤 그에 해당하는 제안서를 만들어보는 것이다.

정말 아이디어가 없으면, 마술로 축제의 주제에 해당하는 물건이라도 꺼내라고 가르친다. 토마토 축제에서는 토마토가 나오는 마술을, 포도 축제에서는 포도가 나오는 마술을 해야 한다고 말이다. 정말로 이런 식으로 토마토 축제를 땄고, 대추 축제도 땄으며, 곶감 축제도 땄다.

대한민국은 축제 공화국이다. 대한민국 전역에 문광부 또는 지자체로부터 공식적인 예산 지원을 받는 축제가 약 700개나 된다. 이 외에 지역에서 열리는 중소규모의 축제는 헤아릴 수 없이 많다. 다들 이런 축제에 들어가서 공연을 하고 싶어 한다. 그러나 얼마나 많은 경쟁자를 물리쳐야 하는가? 축제뿐만 아니라 모든 행사에서, 그 행사를 준비하는 고객의 입장에서 바라보고 그에 적합한 공연물을 만들어 제안하는 것이 가장 좋은 방법이라고 생각한다.

시장개척은 작은 관심에서 출발한다

우리는 엄청난 무한경쟁 속에서 살고 있다. 마술사들은 자기 사업을 하는 사람들이라고 생각한다. 다들 각자의 영역에서 열심히 살아가고 있는 것인데, 매번 일을 만들기 위해 치열한 경쟁을 하는 것보다는 나만의 영역을 구축하는 것이 더 효율적일 수 있다. 사실은 시장을 개척하라는 뜻인데, 말이 쉽지 얼마나 어려운 일인가. 그러나 작은 관심을 기울이면 시장개척이 꼭 어려운 것만은 아니다.

2009년도에 충북의 한 교육지원청에서 마술공연 요청이 들어왔다. 교육지원청에서 특수교육 대상자들, 즉 장애가 있는 학생들을 위한 행사를 준비하고 있다고 했다. 그동안 장애인 대상 공연을 한 경험도 있었고 그냥 별생각 없이 여느 때처럼 공연 짐을 꾸려 공연을 하러 내려갔다. 공연을 진행하면서 눈에 들어오는 것이 있었는데, 바로 현수막이었다. 나는 평소에 행사하러 다니면서 현수막을 유심히 살펴보는 편이다. 현수막 문구가 인상적이었는데, "장애인식 개선 및 통합교육 활성화를 위한 해피 콘서트"라고 쓰여 있었다. 나는 공연을 마치고 교육청 담당 선생님에게 다음과 같은 질문을 했다.

"선생님, 이렇게 공연을 보는 것이 장애인식 개선 및 통합교육 활성화와 무슨 관련이 있습니까?"
"장애를 가진 아이들이 비장애 아이들하고 함께 영화나 이런 공연을 보는 것 자체가 통합교육 활성화라고 볼 수 있어요."
그때 전광석화처럼 머리를 스치고 가는 것이 있었다. 그래서 다시 이렇게 질문을 했다.

"선생님, 그러면 다른 교육청들도 이런 행사를 하겠네요?"
"그럼요, 다들 일 년에 한두 번 정도는 하지요. 어떤 때는 장애를 가진 분들이 공연하는 것을 볼 기회가 있는데, 그런 경우에 장애인식 개선 효과가 있다고 볼 수 있어요."

마음속으로 쾌재를 불렀다. 그동안 여러 행사에 축하공연 정도로, 또는 그냥 일반 관객들을 위해서만 마술공연을 했지 이렇게 우리 공연 자체가 어떤 목적을 두고 진행된 적이 없었다. 더욱이 교육지원청이라는 공공기관에서 교육적 목적을 가지고 우리를 초청한 것이 아닌가. 그렇다면, 우리가 이런 목적에 부합하는 공연을 만들어 영업하면 전국에 있는 교육지원청을 대상으로 공연할 수 있겠다는 생각이 들었다.
사무실에 들어오자마자 컴퓨터를 켜고 하루 날밤을 꼬박 새워 교육지원청에 보낼 제안서를 만들었다. 그리고 의욕적으로 영업을 시작했는데 안타깝게도 결과는 참패였다. 어느 곳 하나 섭외는 고사하고 문의조차 오는 곳이 없었다. 그래서 나는 아이템을 잘못 골랐다고 생각하고 다른 프로젝트를 진행하고 있었는데, 다음 연도에 지방의 한 교육지원청에서 생각지도 못했던 공연 문의가 들어왔다. 통합교육 활성화와 장애인식 개선을 위한 마술공연을 해줄 수 있느냐는 것이었다. 이렇게 뜬금없이 공연 섭외가 들어온 것이 너무 신기해서, 내가 제안서를 보낸 것이 작년이고 올해는 영업도 안 했는데 어떻게 문의를 하셨냐고 물었더니, 작년에 받았던 제안서를 담당 선생님이 가지고 있었다는 것이다.

교육지원청이나 학교는 일반적으로 전년도에 다음 해 계획이나 예산을 편성하기 때문에 그해에는 진행을 못 했고, 올해 진행을 하려고 한다는 것이었다. 이때 내가 얻은 교훈은 "좋은 상품으로 만들어진 제안서는 아무리 시간이 지나도 반드시 돈으로 돌아온다"는 것이다.

그렇게 이 사업이 다시 시작되었다. 그리고 나는 교육 목적에 부합하는 공연을 만들기 위해서 마침 제자 중에 장애를 가지고 있던 마술사를 합류시켰고 다시 전국의 교육지원청을 대상으로 영업을 재개했다. 그리고 4년에 걸쳐 25개 정도의 교육지원청에 초청을 받아 공연을 진행했으며, 이 사업을 통해서 발생한 매출이 약 4,800만 원 정도이다. 사실 이 아이템은 전국 176개의 교육지원청을 대상으로 했을 때, 우리 행사 금액으로 환산하면 약 3~5억 정도의 시장을 형성한다고 볼 수 있다. 이 당시 우리의 공연비가 200~300만 원 이었는데, 만약 공연비를 더 낮게 책정했다면 더 많은 공연을 할 수 있었을지도 모른다.

아무튼, 우연히 찾아간 행사에서 현수막을 유심히 보고 담당자에게 던진 몇 가지 질문으로 얻어낸 소스로 기획하고 진행했던 사업이 훌륭한 성과를 거두게 된 것이다.

이 경험을 바탕으로 나는 지금도 전국 단위 영업을 즐겨 한다. 특히 특별한 목적으로 설립된 기관에서 우리 공연이 필요하다는 것은, 곧 같은 목적을 지닌 전국의 다른 기관에서도 필요할 수도 있다는 것이다. 우리가 목적에 부합하는 적절한 공연물과 비용을 가지고 고객에게 제안했을 때 일을 따낼 수 있는 확률이 높다고 볼 수 있다.

▲ 교육지원청에 제출했던 제안서 표지

▲ 2009년 충북 영동교육지원청 행사 사진

고객은 가격이 아닌
가치를 보고 구매한다

앞서 언급했듯이 홈페이지를 쇼핑몰 형태로 만들고 여러 마술사의 공연 상품을 말 그대로 상품의 형태로 올려놓았다. 저렴하게는 25만 원짜리 상품부터 300만 원 전후의 상품까지 다양하게 올라가 있다.

그런데 사실 공공기관이나 기업체, 지역축제 등은 공연 규모가 워낙 다양하고 그에 따라 가격도 천차만별이기 때문에 홈페이지에 있는 비용은 기준이 되는 금액이고, 실제로는 협의를 통해 금액에 대한 합의를 어느 정도 한 상태에서 견적을 제출하기 때문에 순수하게 홈페이지를 보고 공연 상품을 구매하는 대상은 주로 청소년이나 어린이 대상 기관들이다. 홈페이지에 올린 어린이집 대상 공연 상품이 10개 정도 되는데, 우리는 처음 홈페이지에 상품을 올릴 때, 고객들이 싼 것만 찾을까 봐 걱정했다.

그러나 실제로 겪어보니 제일 지렴한 25만 원짜리 공연 상품을 선택하는 고객은 거의 없었다. 오히려 그전에는 어린이집 대상 35~40만 원 상품이 주로 판매되었는데, 홈페이지 작업 후 40~50만 원 상품이 제일 잘 팔렸다. 그렇다고 이 금액이 저렴한 금액이 아니다. 실제로 내가 가끔 어린이집이나 유치원을 방문해서 원장님들과 미팅을 해보면, 원에 20~25만 원 마술공연 영업이 엄청 들어온다는 것이다. 그런데 왜 우리 공연은 이렇게 비싸냐고 묻는다. 그러면 우리도 저렴한 상품이 있다고 친절히 안내해준다. 그러나 결국 고객들은 대부분 40~50만 원 사이에 있는 공연 상품 중 본인들이 마음에 드는 것을 선택한다.

2015년도에 어린이집, 유치원 대상 산타행사 영업을 했는데 공연 상품을 35만 원부터 50만 원까지 다양하게 만들어서 영업을 진행했다. 그런데 대부분 원들이 45만 원이나 50만 원 상품을 선택했다.

이런 현상에 대해서 나는 이렇게 생각한다. 고객들도 엄연히 자기 사업을 하는 사람들이다. 엄밀히 따지면, 유치원이나 어린이집에서 보면 원아들은 고객이 아닌가. 그리고 다른 원보다 무엇이든 더 잘해서 많은 고객, 즉 많은 아이를 데리고 있으려고 노력한다는 것이다. 내가 어린이집 원장이라도 무조건 싼 것만을 고집해 혹시나 허접할지도 모르는 공연을 하는 것보다는 10만 원을 더 쓰더라도 더 재미있고 좋은 공연을 아이들에게 보여주고 싶을 것이다.

우리 마술사들도 그렇지 않은가? 플라스틱 어피어링 케인의 일반 소비자가격이 9,000원 정도고 메탈 어피어링 케인의 가격이 22,000원 정도 하는데, 대부분의 마술사가 2배 가격을 주고 메탈 어피어링 케인을 사용한다. 더 비싸더라도 자신의 공연에 도움이 된다면 더 좋은 물건을 쓰고 싶은 게 인지상정 아닌가?

다른 마술사들이 얼마를 받든, 내가 원하는 금액을 고객에게 제시하고 그에 대한 가치를 설명할 수 있다면 자신이 원하는 금액으로 공연 상품을 판매할 수 있다고 생각한다. 나 또한 지금까지 그래 왔다.

몇 년 전에 L기업에서 공연 섭외 문의가 들어왔다. 담당자가 30분 정도 마술공연을 초청하려고 하는데 비용이 얼마인지 견적서를 보내달라는 것이다. 보통은 어떤 마술사가 오는지, 어떤 내용의 공연을 하는지, 그래서 얼마인지를 물어보는데 이 담당자는 다짜고짜 견적서를 보내달라고 한다.

이런 경우는 담당자가 지금 여러 업체에 같은 내용으로 전화를 걸고 있다는 뜻이다. 일단 여기저기서 견적서를 받아 보고 그중에 자신들에게 가장 유리한 금액을 제시한 업체와 진행하겠다는 건데, 이런 경우 고객이 원하는 견적서만 달랑 보내면 일을 따낼 확률이 희박하다. 다른 경쟁자가 있다는 것을 안 이상 무조건 따내야 한다. 그래서 차분하게 대화를 이어갔다.

행사가 어떤 행사인지, 관객이 어떤 사람들인지, 연령대나 신분이 어떠한지 등등 차분히 물어보면서 머릿속으로는 오만 가지 생각을 하고 있었다. 이렇게 해서 얻어낸 정보로는, L이라는 기업에서 이번에 신제품을 발표했으며, 관련된 중소기업 대표와 담당자들을 초대해서 호텔에서 식사도 대접하고 제품 설명도 하는 그런 자리였다.

전화를 끊고 견적서와 더불어 제안서를 간단하게 하나 만들어서 함께 보내 주었다. 제안서는 대략 이런 내용이었다. 아마도 관객들 연령대가 아무리 젊어도 30대 이상, 보통 40~50대 분들이고 분위기가 가벼울 것 같지는 않은데, 20대의 젊은 마술사들이 갈 경우 관객들과 공감대 형성도 어렵고 그냥 열심히 마술만 보여주고 돌아올 것이다. 그러나 우리는 30대 이상 현장 경험이 많은 베테랑 마술사를 보낼 것이며, 관객들과 대화도 나누며 공감대를 형성하는 마술을 넣겠다. 그리고 호텔이라는 장소에 어울리도록 품격 있고 고급스러운 공연을 진행하겠다 등의 내용이었다. 결국, 이 행사는 우리에게 왔고 행사 금액도 매우 만족스러웠다.

견적서를 잘 내는 요령

평소에 잘 알고 지내는 고객 또는 인맥을 통해서 소개를 받은 고객과의 거래에서는 공연비에 대해서 어느 정도 구두로 협의가 가능하고, 굳이 견적서라는 서류를 내지 않아도 되는 경우가 많다. 그냥 고객이 원하는 견적으로 또는 내가 제시한 견적에 고객이 오케이하면 그 견적으로 견적서를 내면 그만이다. 그러나 처음 거래를 하게 되는 고객이라든지 기업체, 관공서, 기관 등을 상대로 하는 영업에서는 견적서를 요구하는 경우가 많다. 지금도 그렇지만, 가장 어려운 것이 바로 견적서를 내는 것이다.

고객이 얼마의 예산을 생각하고 있는지 알 수만 있다면 얼마나 좋겠는가. 나는 가급적 고객과의 대화를 통해 고객이 가지고 있는 예산의 규모를 파악하려고 애를 쓴다. 그러나 고객들은, 특히 큰 행사거나 관공서 같은 경우 가지고 있는 예산의 규모를 잘 오픈하지 않는다. 예산 규모와 관련한 질문을 던졌을 때, 가장 어려운 대답이 이런 경우이다.

"글쎄요, 아직 딱히 정해진 부분이 없어서요. 견적서를 받아보고 예산을 편성하려구요."

사실 고객 입장에서 내부적으로 어느 정도 예산에 대한 가이드라인을 잡아 놓은 상태라 할지라도 고객들은 자신들의 패를 끝내 감추고 오픈하려 하지 않는다. 그렇기 때문에 고객과의 협상에서 고객이 가진 예산을 끌어낼 수 있다고 하면 정말 훌륭한 상담 능력이 있는 것이다.

아무튼 고객이 예산을 오픈하지 않고 나에게 견적을 요구하는 경우에 내가 원하는 금액을 넣는다고 무조건 그 금액을 다 준다는 보장도 없고, 그렇다고 공연비를 낮춰서 넣는다고 무조건 공연을 딸 수 있는 것도 아니다. 다만, 내가 가진 공연 상품이 고객의 마음에 들었을 경우, 견적서를 제출한 뒤에라도 추가로 협상할 수 있는 여지가 남아 있을 수는 있다. 문제는 내가 어느 정도의 기준을 제시하는가에 달려있다고 할 수 있다. 내가 예상하는 견적과 고객이 가지고 있는 예산과의 차이를 좁히는 것은 오랜 경험과 감이라고밖에는 할 수 없지만, 견적서를 잘 내는 비결은 없을지언정 요령은 있다.

나는 보통 신규 고객에게 견적서를 낼 경우 A, B, C안으로 나누어서 내는 경우가 많다. 가령, 나의 경험과 감으로 이 정도 규모의 행사라면 200만 원 정도의 예산으로 공연을 세팅하는 것이 적당하다는 생각이 들었다면 다음과 같이 견적을 낸다.

– 적정한 규모의 예산인 200만 원 견적으로 B안
– B안보다 20% 정도 더 올라간 예산으로 240만 원 정도의 A안
– 행사를 놓치는 것보다는 나으니 보험 차원에서 B안보다 30% 정도 저렴하게 140만 원 예산으로 C안

이때 중요한 것은 기준이 되는 B안보다 조금만 더 예산을 쓰면 되는 A안의 공연 세팅이 월등히 좋아 보여야 하며, 보험 차원에서 넣은 C안은 행사를 진행하는 데는 무리가 없지만, 약간 아쉬운 듯 보이도록 견적을 넣어야 한다. 이렇게 견적서를 내는 경우, 대부분의 고객은 B 또는 A안을 선택하지 C안을 선택하는 경우는 거의 없었다.

다음은 실제로 한 지역축제에 제출했던 견적서이다. 600만 원, 720만 원, 800만 원 이렇게 3개의 견적을 제출했는데 최종 합의된 견적은 800만 원이었다.

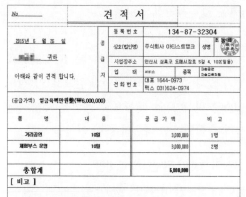

견 적 서

No _____

2015년 6 월 25 일

_____ 귀하

아래와 같이 견적 합니다.

	등록번호	134-87-32304	
공급자	상호(법인명)	주식회사 아티스트뱅크	성명 조동해
	사업장주소	안산시 상록구 도매시장로 5길 4, 102(일동)	
	업 태	서비스 / 종목	기술공간 기술교육원
	전화번호	대표 1644-0973 / 팩스 031)624-0974	

(공급가액) 일금육백만원整(₩6,000,000)

품 명	내 용	공 급 가 액	비 고
거리공연	10일	3,000,000	1명
체험부스 운영	10일	3,000,000	2명
총합계		6,000,000	

[비고]

- (주)아티스트뱅크는 면세 사업자입니다.
- 사업자 지출증빙 현금영수증 // 전자 계산서 발행 가능합니다.
- 증빙서류가 필요하신 경우 사업자 등록증과 이메일 주소를 보내주시면
전자계산서를 보내드립니다.
(보내실곳 : edumagic27@hanmail.net // FAX 031-624-0974)

◀ 견적 ❶
600만 원

견 적 서

No _____

2015년 6 월 25 일

_____ 귀하

아래와 같이 견적 합니다.

	등록번호	134-87-32304	
공급자	상호(법인명)	주식회사 아티스트뱅크	성명 조동해
	사업장주소	안산시 상록구 도매시장로 5길 4, 102(일동)	
	업 태	서비스 / 종목	기술공간 기술교육원
	전화번호	대표 1644-0973 / 팩스 031)624-0974	

(공급가액) 일금칠백이십만원整(₩7,200,000)

품 명	내 용	공 급 가 액	비 고
거리공연	10일	3,000,000	1명
체험부스 운영	10일	3,000,000	2명
무대공연	1회	1,200,000	1~2명
총합계		7,200,000	

[비고]

- (주)아티스트뱅크는 면세 사업자입니다.
- 사업자 지출증빙 현금영수증 // 전자 계산서 발행 가능합니다.
- 증빙서류가 필요하신 경우 사업자 등록증과 이메일 주소를 보내주시면
전자계산서를 보내드립니다.
(보내실곳 : edumagic27@hanmail.net // FAX 031-624-0974)

◀ 견적 ❷
720만 원

No_____	견 적 서				

2015년 6월 26일

■■■■ 귀하

아래와 같이 견적 합니다.

공급자	등록번호	134-87-32304			조 동인
	상호(법인명)	주식회사 아티스트뱅크	성명		
	사업장주소	안산시 상록구 도애시장로 5길 4, 102(월동)			
	업 태	서비스	종목	미술공연 미술교육제품	
	전화번호	대표 1644-0973 팩스 031)624-0974			

(공급가액) 일금팔백만원整(₩8,000,000)

종 명	내 용	공급가액	비 고
거리공연	10일	3,000,000	1명
체험부스 운영	10일	3,000,000	2명
부스앞 무대공연	10일	2,000,000	1~2명
총합계		8,000,000	

[비고]

- (주)아티스트뱅크는 면세 사업자입니다.
- 사업자 지출증빙 현금영수증 // 전자 계산서 발행 가능합니다.
- 증빙서류가 필요하신 경우 사업자 등록증과 이메일 주소를 보내주시면
전자계산서를 보내드립니다.
(보내실곳 : edumagic27@hanmail.net // FAX 031-624-0974)

◀견적 ❸
800만 원

No_____	견 적 서				

2015년 월 일

■■■■ 귀하

아래와 같이 견적 합니다.

공급자	등록번호	134-87-32034			조 동인
	상호(법인명)	주식회사 아티스트뱅크	성명		
	사업장주소	안산시 상록구 도애시장로 5길 4, 102(월동)			
	업 태	서비스	종목	미술공연 미술교육제품	
	전화번호	대표 1644-0973 팩스 031)624-0974			

(공급가액) 일금팔백만원整(₩8,000,000)

종 명	내 용	공급가액	비 고
거리공연	10일	3,000,000	1명
체험부스 운영	10일	3,000,000	2명
무대공연	1회	2,000,000	2명
총합계		8,000,000	

[비고]

- (주)아티스트뱅크는 면세 사업자입니다.
- 사업자 지출증빙 현금영수증 // 전자 계산서 발행 가능합니다.
- 증빙서류가 필요하신 경우 사업자 등록증과 이메일 주소를 보내주시면
전자계산서를 보내드립니다.
(보내실곳 : edumagic27@hanmail.net // FAX 031-624-0974)

◀최종 합의 견적
800만 원

주력 사업과 부가적 사업을 명확히 구분해야 장기적인 발전을 이룰 수 있다

마술 관련 사업은 여러 가지 분야가 있다. 공연도 할 수 있고, 강의도 할 수 있고, 도구도 판매할 수 있다. 공연 사업은 출장공연, 대관공연 등 다양한 장소에서 할 수 있으며, 공연의 종류도 스테이지 공연, 클로즈업 공연, 콘서트 등 다양하다. 강의 역시 학원을 운영할 수도 있고 여러 기관에 출강할 수도 있다. 도구 판매 역시, 마술도구를 직접 제작해서 판매할 수도 있고, 오프라인 숍을 운영할 수도 있고, 온라인을 통해 유통만 할 수도 있다.

그러나 대부분 이런 여러 사업 분야를 같이 운영한다. 가장 일반적인 형태가 출장공연도 다니면서 강의도 하고 더불어 도구도 판매하는 것이다. 한마디로, 마술 관련 모든 일을 할 수 있는데, 모두 할 수 있기 때문에 나를 대표하는 주력 분야가 없는 것일 수도 있다.

사, 여러분이 프리랜서 또는 회사의 오너이자 메인 공연자이다. 그런데 어느 날 여러분에게 세 가지의 일이 같은 날, 같은 시간대에 겹쳐서 들어 왔다. 여러분은 이 중에서 하나만 갈 수 있고 나머지 2개는 다른 마술사를 보내거나 포기해야 한다. 당신이라면 어떤 것을 선택하겠는가?

a. 어린이집 방문 공연

b. 평생교육기관에서의 마술강의

c. 백화점 이벤트 행사

여러분의 선택을 좌우하는 기준은 무엇인가? 행사 금액인가? 다녀왔을 때 프로필에 도움이 될 만한 행사인가? 사실 이질문은 내가 주력하고 있는 사업이 어떤 것인지, 그에 따른 우선순위가 있는지를 묻는 것이다.

만약 당신이 키즈매직을 전문으로 하는 마술사라면 당연히 a를 선택해야 한다고 생각한다. 그러나 나처럼 마술교육에 평생의 뜻을 두고 가는 사람이라면 나는 주저 없이 b를 선택할 것이다. 당신이 일반인을 대상으로 하는 이벤트 행사를 주로 하는 마술사라면 c를 선택해야 한다.

행사 금액이 많고 적음은 사실 중요한 것이 아니다. 키즈매직을 하는 마술사가 같은 시간대에 어린이집 두 개가 잡혔을 때 더 좋은 금액의 행사를 자신이 가고 다른 하나를 포기하는 것이지, 내가 주력으로 하는 분야가 있는데 행사 금액에 따라 다른 분야를 선택한다는 것은 매우 근시안적인 태도이다. 그렇다고 해서 어떤 선택이 무조건 잘못됐고, 어떤 선택이 정답이라고 말하고 싶지는 않다. 왜냐하면 그것을 따지자는 것이 질문의 본질이 아니기 때문이다.

이 질문에 대해서 조금 더 깊이 들어가면, 이것은 선택의 문제가 아니라 내가 평소에 어떤 분야에 내가 가진 역량을 쏟아

붓고 있는가 하는 문제에 다다르게 된다.

　나는 강의 중에 제자들에게 졸업 후 어떤 분야에서 첫 일을 시작하는가가 매우 중요하다고 자주 이야기한다. 사회에 나가서 어린이집 공연을 주로 다니다 보면 계속 어린이집 공연을 많이 다니게 된다. 호텔이나 리조트에서 공연을 시작한 마술사는 그곳을 그만두더라도 다른 호텔이나 리조트에서 다시 일을 시작하는 경우가 많다. 애초부터 공연장을 잡고 기획공연을 하는 것으로 활동을 시작한 마술사는 그쪽에 집중하게 되며, 초등학교 강의에 대부분의 시간을 할애한 마술사는 몇 년이 지나도 계속 초등학교 강의에 몸담고 있는 경우가 많다. 왜냐하면, 그 분야를 겪으면 겪을수록 노하우가 쌓이고 새로운 아이디어나 아이템들이 생기기 때문이다. 또한 그 분야에서 소개도 많이 받게 된다.

　이렇게 우리는 눈덩이 효과라는 것을 경험하게 되는데, 내가 해왔던 일들이 프로필이 되고 그 프로필들이 뭉치고 쌓여서 비슷한 또 다른 일들을 불러온다는 것이다.

　다시 질문으로 돌아오자. 당신이 키즈매직을 전문으로 하는 마술사라면, 키즈매직과 관련된 일에 여러분이 가진 역량을 집중하고 있어야 한다. 어린이들을 대상으로 하는 공연을 만들고, 어린이들을 대상으로 하는 마술도구를 찾고, 어린이 공연에 적합한 의상과 캐릭터에 고심하며, 어린이 공연에 적합한 포스터나 이미지를 만들고 어린이 관련 기관을 대상으로 영업력을 집중하고 있어야 한다는 뜻이다. 다른 분야의 일은 내 주력사업이 방해를 받지 않는 선에서 충실히 해나가면 된다. 그렇게 할 때 장기적인 목표를 가지고 성장할 수 있다.

나는 영업과 회사 운영 외에는 일반 대중을 상대로 하는 마술강의를 주력으로 하는 사람이기 때문에 대부분의 일정이 마술교육 관련 일을 만들거나 진행하는 것에 포커스가 맞추어져 있다. 또한, 앞으로의 삶의 목표를 대중을 위한 마술교육을 통해 그들의 삶을 즐겁고 윤택하게 하는 것으로 잡았기 때문에 관련 학과에 편입해서 공부도 하고 있다.

결국, 우리는 마술사로서 마술 관련 모든 일을 할 수 있지만 내가 가장 잘하거나 잘하고 싶은 분야에 내 역량을 집중하는 것이 효율적이다. 그런데 이렇게 주력 사업이 딱히 정해져 있지 않고 그저 닥치는 대로 모든 일을 열심히만 하고 있다면 장담컨대 몇 년이 지나도 여러분은 계속 그 자리에 있을 것이다. 조금 더 일이 많아지고 수익은 많아질지언정 이렇다 할 삶의 변화가 일어나지 않을 것이다. 그러면서 늘 알 수 없는 미래에 대한 불안 속에서 힘들어할지도 모른다. 이것은 내가 처절하게 겪은 삶의 경험이다.

20살에 마술을 시작해 지금까지 일을 해오면서 10년 전에 하던 일이나 5년 전에 하던 일이나 최근 1~2년 사이에 하던 일이나 별 차이가 없다. 분명히 규모도 커지고 매출도 많아지고 모든 여건이 나아졌지만, 나는 여전히 같은 일을 하고 있다. 또한, 10년 전에 하던 고민을 5년 전에도 했으며 최근까지

도 하고 있었다. 그동안의 나의 목표는 그저 일을 많이 하고
돈을 많이 버는 것이었지, 어떤 것을 이루겠다는 꿈이 없었다.
그런 꿈이 있었다면 아무리 바쁘고 힘들어도 틈틈이 계속 그
꿈을 이루기 위한 노력을 해야 했고, 그 결과로 내 삶이 조금
은 바뀌어야 했다. 그러나 그리지 못했다.

그래서 35살이 되었을 때, 계속 이 일을 해야 하는지 심각한
고민에 한동안 힘들어했으며, 곧 40을 바라보면서도 '평생 이
일을 하며 살 자신이 있는가?'라고 자문하며 힘들어하곤 했다.
그러나 지금은 분명한 꿈을 꾸고 있다. 내가 40이 되었을 때,
그리고 45살이 되었을 때 내가 이루어야 할 삶의 모습을 그리
고 있다.

그 꿈을 이루기 위해 과감히 내려놓을 것은 내려놓고 부족
한 부분은 강화하면서 내가 가진 모든 역량을 집중할 것이다.
그래야만 소중한 나의 삶에 아름다운 변화가 찾아올 수 있다
고 생각한다.

이 책을 읽는 독자들도 잠시 책을 내려놓고 여러분의 주력
사업이 어떤 것인지 생각해보고, 지금 당신이 그것에 온 역량
을 집중하고 있는지 생각해보길 권한다.

세금 관리를 못하면 헛일한 것이다

세금관리를 한다는 것은 사실 사업자를 가진다는 것을 전제로 하는 것이다. 이 지면을 통해서 세금과 관련된 내용을 모두 언급하기에는 무리가 있으니 반드시 인터넷 등을 통해서 개인사업자와 법인사업자, 간이과세자와 면세사업자, 과세구간, 4대 보험 등에 대해서 공부를 할 필요가 있다.

여기에서 다루는 것은 말 그대로 세금을 관리하는 요령인데, 개인사업자를 기준으로 보면 1년에 3번 세금 신고를 하게 되어 있다. 6개월에 한 번씩 부가세 신고를 해야 하며, 1년에 한 번 5월에 종합소득세 신고를 해야 한다.

세금에 대한 간단한 개념은 이렇다. 내가 벌어들인 총 매출에서 사업을 위해 사용한 총 경비(매입)를 뺀 나머지 금액을 사업 소득으로 보고, 이것에 대해 일정 비율로(이것을 과세구간, 또는 과세표준구간이라고 한다) 세금을 내는 것이다.

출장공연을 주로 다니는 마술사라면, 매입이 거의 없고 매출만 있는 경우가 대부분이다. 그러니 매출에 비례해서 세금이 많이 나오는 경우가 많은 것이다. 그렇다면 세금을 줄이기 위해서는 어떻게 해야 할까? 세금을 줄이기 위해 매출을 줄여서 신고하는 것은 위법이다. 그렇다면 평소에 매입을 최대한 잡아서 세금을 줄여야 한다. 마술도구를 구입하거나 회사 운영을 위한 다양한 지출(식대, 비품 구입, 차량 기름값, 고속도로 통행

료, 주차 영수증, 쓰레기봉투 구입 등의 자질구레한 것까지 모두)에 있어서 철저하게 사업자 지출증빙 현금영수증을 받거나 세금계산서를 받는 것이 좋다. 하다못해 간이영수증이라도 철저하게 받아서 경비로 쓴 비용을 증명해야 한다. 함께하고 있는 직원들에게 월급이나 수당을 주었다면, 그냥 현금으로 주고 말 것이 아니라 원천징수를 하든가 정식으로 직원 등록을 해서 사업주인 여러분이 직원에게 인건비를 주었다는 것을 증명해야 한다. 이런 업무들을 직접 하기가 어렵다면 세무회계사무실을 하나 골라서 기장을 맡기는 것도 좋은 방법이다.

회사에서 사용하는 통장 외에 세금 관리 통장을 별도로 하나 더 만들어서 수입이 들어오면 수입의 일정 부분, 약 10~15% 정도를 세금으로 적립할 것을 권한다. 그리고 이 돈은 여러분의 돈이 아니다. 공연수입이라는 것이 사실 일정한 것도 아니고 여러 가지 변수에 의해 수입이 있다가 없다가 하다 보니 통장 관리가 잘 안 되는 경우가 많다. 그동안 수도 없이 세금통장을 따로 만들어 세금을 적립해 두겠다고 다짐하면서도 현실적으로는 잘 안 되는 경우가 많았다. 쉽게 말해 당장 돈이 없으니 세금 낼 돈에서 미리 가져다 쓰고 채워 넣지를 못해서 나중에 세금으로 목돈이 나오면 그 돈을 마련하기 위해 힘들어지는 경우를 말하는 것이다.

4대 보험료 역시 밀리지 말고 꼬박꼬박 내는 것이 가장 좋다. 만약 여러분의 사업에 이상이 생겨 불가피하게 정부 및 관련 기관의 지원을 받거나 금융권에서 대출을 받아야 할 경우, 기관들은 가장 먼저 사업주가 세금을 잘 내고 있는지를 확인한다. 금융기관에서 대출을 받으려고 해도, 세금이나 4대 보험을 제때 안 내고 연체하는 사업주에게는 대출이 나오지 않는다. 즉, 세금에 대한 의무를 지켜야만 내가 필요할 때 도움을 받을 수 있는 것이다.

공연사업을 주로 하는 사업자의 경우, 면세사업자로 등록하거나 전환할 수 있다. 사실 부가세만 내지 않아도 정말 큰 혜택이다. 2014년 9월에 1인 법인으로 아티스트뱅크를 창업해서 10월부터 12월까지 3개월간 매출이 7,300만 원 정도였는데, 부가세만 530만 원을 냈다. 하지만 면세사업자가 되면 다음부터는 이 부가세를 내지 않아도 된다. 단, 면세사업자가 되면 마술용품 거래를 할 수 없으니 어떤 것이 유리한지 잘 생각해야 한다.

공연비 미수금에 힘들어하지 마라

공연자들이 고객으로부터 공연비를 받지 못해서 그냥 포기하는 경우가 많이 있다. 또는 몇 달이 지나도록 공연비를 받지 못하면서 마냥 손을 놓고 기다리기도 한다. 정작 자신은 돈이 없는 데 말이다. 전혀 그럴 필요가 없다. 물론, 돈을 받아야 할 대상이 나와 친분이 깊고 오래 함께할 사이라면, 그를 믿고 그냥 받은 셈 치고 잊어버려라. 언젠가 그 사람의 여건이 좋아져서 돈을 받게 되면 보너스를 받은 기분이 들도록 말이다. 그렇지 않고 계속 그 돈을 기다리고 독촉하면 돈 몇 푼에 소중한 인간관계까지 잃게 된다.

문제는 비즈니스 대상에게서 돈을 받지 못했을 때다. 경우에 따라 여건이 안 되어서 못 주는 경우도 있겠지만, 몇몇 정말 나쁜 고객들은 일부러 차일피일 미루다가 공연자가 포기하면 좋은 거고, 뭔가 법적 조치가 들어오면 그때 돈을 줘도 된다는 식으로 선량한 공연자들의 습성을 악용하는 사람들도 있다. 나는 그동안 공연비 미수금으로 인해 몇 번 재판까지 갔었는데 단 한 번도 져본 적이 없다. 법에 대해 잘 모르는 일반인들도 조금만 발품을 팔면 돈 들여서 남의 도움을 받지 않아도 얼마든지 스스로 해결할 수 있다.

자, 공연비 미수금 사고가 생겼다고 가정하자. 상대가 뚜렷한 이유 없이 지급을 차일피일 미루고 있으며, 더 이상 그와 관계를 유지할 필요가 없다고 판단이 된다면, 공연자인 여러분이 먼저 할 일은 우체국을 통해 상대에게 내용증명을 보내는 것이다.

공연자인 내가 고객인 당신의 요청으로 이런 내용의 공연을 했으나, 아직 공연비를 주지 않았으니 언제까지 공연비를 지급해 달라, 그리고 지급을 하지 않을 경우 법적 조치를 하겠다는 내용을 담아 똑같은 내용의 서류를 세 부 작성한다. 우체국에 가서 내용증명을 보낸다고 하면 한 부는 내가 보관하고, 한부는 우체국에서 보관하며, 나머지 한 부는 상대방에게 보내이런 독촉 내용이 상대방에게 분명히 전달되었다는 것을 증명해준다.

내용증명을 받고 상대가 공연비를 지급하면 다행이지만, 현실적으로 내용증명은 최고장으로서 법적 조치를 위한 요건을 만드는 것이라고 생각해야 한다. 보통 이런 경우 내용증명을 받고도 지급을 안 하는 경우가 대부분이다. 지금부터는 시간이 오래 걸릴 것이니 조급할 필요가 전혀 없으며 느긋하게 자신이 할 일을 하면서 법적 조치를 시작하면 된다.

상대방이 내용증명을 받았는데 요구한 날짜까지 공연비를 지급하지 않고 있다면, 공연자인 내가 거주하고 있는 법원에 가서 지급명령이라는 것을 신청하면 된다. 만약 상대방이 타지역에 살고 있다 해도 절대로 상대방의 지역에다 지급명령을 신청해서는 안 된다. 내가 거주하고 있는 지역에서 신청하는 것이 유리하다. 지급명령이란, 내가 이런 내용으로 상대에게 정당하게 받을 돈이 있으나 상대방이 주지 않고 있으니 법원에서 이것을 지급하라고 명령해달라고 요청하는 것이다. 이때 필요한 것이 내용증명이며 내게 큰 도움이 되는 것이 바로 계약서이다.

계약서가 있고 없고는 아주 중요한 문제이다. 법원에서는 지급명령 신청을 보고 타당하다고 판단하면 상대방에게 지급명령을 내린다. 이때 상대방이 지급명령을 송달받고 2주 이내에 이의를 제기하지 않으면 내가 신청한 지급명령은 확정된다. 그러나 상대방이 2주 이내에 이의를 제기하면 재판으로 이어져 법원에서 정한 날짜에 출석해 재판을 받게 된다. 이때 계약서가 있으면 상대가 이의를 제기할 명분이 없다.

그러나 대부분의 공연자가 알음알음으로 또는 친분으로 일하거나 계약서 없이 구두로 합의하여 불리한 경우가 많다. 평소에 계약서 쓰는 습관을 들이고, 계약서를 쓰지 않았다면 문자 메시지 등 상대의 요청에 의해 내가 공연을 했다는 증거를 최대한 모아야 유리하다. 재판을 받게 되면 재판을 받으면 되고, 상대방이 이의 제기를 하지 않아 지급명령이 확정되면 그 확정문을 가지고 재산 압류 등의 법적 조치를 취할 수 있다.

공연자인 내가 상대의 요청에 따라 열심히 공연을 잘했고, 정당하게 받을 돈을 못 받았다면 당연히 받아야 하는 것이지 그 돈을 포기할 이유는 전혀 없다. 받을 돈을 받는 것도 능력이라고 생각한다.

더 나은 미래를 위하여

여러분과 함께하는 사람은
직원인가, 동료인가?

사업을 운영하는 데 가장 고민스러운 것 중 하나가 바로 인력에 대한 부분이 아닐까 생각한다. 물론 얼마든지 혼자서 할 수도 있다. 또는 스스로 외로운 늑대를 자처하는 사람도 있다. 그러나 분명한 것은 혼자보다는 둘이, 둘보다는 셋이 함께하면 더 좋을 수 있다는 것이다. 함께 손발을 맞춰 일하고, 다양한 의견을 교류하며 더 나은 무엇인가를 위해서 힘을 모을 수 있다면 그곳이 무대이든 사무실이든 분명히 큰 힘이 될 것이다.

주변의 마술사 또는 마술 관련 업체를 운영하는 분들의 조직 구성원을 보면 오너와 직원의 관계도 있고, 스승과 제자의 관계도 있으며, 함께 창업한 동업자 관계나 친구 관계도 있다. 때로는 부부나 부모 자식 관계도 있다. 사실 중요한 문제는 서로 어떤 자세로 조직에 동화되어 있는가이다.

그동안 내가 운영했던 조직의 구성원들은 대부분 나의 제자
들이었다. 그러다 보니 늘 나는 가르치거나 이끌어가는 사람
의 자리에 있으려 했고, 말로는 함께 가야 한다고 하면서 머리
와 마음속에서는 나를 따리와 주기만을 바랐던 것 같다.

나는 직원들과 미팅을 자주 갖곤 했는데, 항상 왜 우리 직원
들은 회의 시간에 자기 의견을 내지 않는가에 대한 불만이 있
었다. 직원들이 어릴 때는 어려서 그렇다고 생각했으며, 나이
가 들어서는 회의에 참여하는 자세가 수동적이며 나아가서 회
사를 생각하는 마음이 없다고 원망했다. 그리고는 입버릇처럼
이런 말을 했다.

"직원은 절대로 오너만큼의 마인드를 가질 수 없어. 직원은
직원인 거야. 오너가 되어봐야 오너의 마음을 알지."

나는 이 말이 진리인 줄 알았다. 이 사건이 있기 전까지는….

6번째 창업 즈음이었다. 그날도 역시 직원들과 회의를 하고
있었는데, 내가 고민하는 문제에 대해서 아무런 의견도 내지
않는 직원들을 다그치며 짜증을 내고 있었다. 그때 옆에 있던
직원이(나와 한 살 차이밖에 나지 않으며, 10년을 넘게 함께한 친구였
다.) 뭔가 단단히 결심한 듯이 말을 꺼냈다.

"형, 형은 우리한테 의견을 내라고 하지만, 이런 분위기에서

무슨 말을 해요. 그리고 의견을 내면 뭐해요. 형 마음에 안 들면 안 된다고 하잖아요. 그러니까 애들이 그냥 입을 닫고 있는 거예요. 이게 무슨 회의예요. 그냥 형이 할 말을 하는 자리죠."

그랬다. 직원들의 생각과 입을 막은 것은 나의 독선과 아집이었으며 불통의 리더십이었던 것이다. 오너인 내가 함께하는 사람들을 직원(employee)으로만 생각했기 때문에 그들은 직원의 자리에 머물렀던 것이다. 내가 조금 더 일찍 그들을 동료(partner)로 인정했다면, 그리고 그들의 의견에 조금 더 귀를 기울이기 위해 노력했다면 우리 조직은 훨씬 더 크게 성장했을 것이다.

나는 20살 때부터 성공학에 관심이 많았기 때문에 다양한 성공 관련 세미나에 참석하거나 성공학 관련 영상을 보는 것, 그리고 성공학 서적을 읽는 것을 즐겼다. 주옥같은 수많은 말 중에서 가장 기억에 남는 것 중 하나는 "성공하는 훌륭한 CEO(또는 리더)는 동료들과 비전을 공유한다"였다. 그러나 10여 년이 넘도록 이것을 어떻게 실천해야 하는지를 몰랐는데 우연한 만남에서 그 방법을 알게 되었다.

내게 이것을 가르쳐준 사람은 처음에는 우리 공연팀을 고용해서 일을 주던 고용주였는데, 후에 나와 함께 사업을 하고 싶어 했다. 그가 우리 사무실에 방문했고, 작은 회의실에 마주 앉아 회의를 시작했는데 잠시 후 그가 나에게 이렇게 말을 했다.

"우리가 함께 성공하기 위해서는 이렇게 마주 보는 것이 아니라 옆에 앉아서 함께 같은 목표를 바라보며 대화를 나눠야 합니다."

그는 의자를 들고 내 옆자리에 와서 앉았고, 우리는 가슴을 열고 유익한 대화를 나눌 수 있었다. 비록 우리가 꿈꾸었던 사업이 성공적인 결실을 보지는 못했지만, 여전히 나는 그와 호형호제하며 서로를 응원하고 언젠가 다시 한번 함께 멋진 사업을 펼쳐보자는 다짐을 하고 있다.

함께하는 사람들을 직원으로 생각하지 말고 동료로 인정해야 하며, 동료들과 마주 보며 앉는 것이 아니라 옆에 앉아 함께 목표를 바라볼 때, 진정한 팀 파워가 발휘될 수 있다. 그것이 바로 동료들과 비전을 공유한다는 말을 실천하는 하나의 방법이라고 생각한다.

투명한 보상 체계가
조직의 결속력을 다지는 첫걸음이다

직원이었던 마술사가, 또는 제자였던 마술사가 조직과 스승을 떠나는 수많은 사례를 잘 들여다보면 안타깝게도 그 이유가 돈인 경우가 너무나 많다.

떠나는 마술사의 입장은 이렇다.
- 돈이 안 된다.
- 나도 이제는 돈을 벌어야 한다.
- 내가 가서 이만큼을 벌어오는데 겨우 나한테는…
- 나도 이제 홀로서기 할 때가 되었어.

조직 또는 스승의 입장에서는 이런 상황이 섭섭할 따름이다.
- 그동안 가르치고 키워놨더니
- 나는 그 나이 때 돈 못 벌었는데
- 회사 운영하는 데 얼마나 많은 돈이 들어가는데
- 아직도 배울 게 많은데

어디까지나 사람이 하는 일이고, 엉켜있는 감정은 풀면 되지만 금전적인 부분에서는 쉽게 답이 나오지 않는 것이 현실이다. 두 입장을 모두 겪어본 나로서도 도저히 어느 한쪽이 맞고 틀리고를 단정 지을 수 없을 만큼 이 문제는 참 민감하고 어렵다고 생각한다. 그런데 어느 조직에서나 구성원이 나가게 되면 그만큼 공백이 생겨 전체 역량에 손실이 생기게 마련이며, 나가는 사람도 이전에 있던 만큼의 조직, 또는 자신이 원활하게 일할 수 있는 인프라를 구축하기가 쉽지 않은 것이 사실이다.

그래서 내가 이 문제를 해결하기 위해서 했던 노력이 바로 보상 체계를 만드는 것이었다. 이것을 구성원들에게 오픈하고, 그 룰 안에서 누구에게나 노력한 만큼의 보상을 주었다. 구성원이 자꾸 떠나는 조직의 특징은 공연자가 자신이 얼마짜리 공연을 하는지를 모른다는 것이며, 그렇기 때문에 돈에 대한 작은 불신이 점점 커져 결국 서로가 등을 돌리게 된다는 것이다.

나와 함께 일을 했던 동료들은 자신들이 출장을 가는 행사의 공연비가 얼마인지 모두 알고 있으며, 발생한 매출이 어떻게 분배되는지를 너무나 잘 알고 있다. 그렇기 때문에 돈에 관해서 만큼은 서로 일말의 의심도 하지 않는다. 각자가 자신에게 돌아갈 비용이 얼마인지 정확히 알기 때문에, 또한 자신에게 돌아오지 않는 나머지 비용이 어떻게 쓰이는지를 알고 그것을 인정하는 것이다. 이것이 내가 우리 조직원들과 오래갈 수 있는 이유라고 생각한다.

비록 이제는 구성원들이 각자 나이도 들고 자신의 삶을 살아야 하므로 독립해서 따로 활동하고 있지만, 언제든지 내가 주는 일에 대해서는 여건이 되는 한 참여하며 자신이 일한 것에 대한 정당한 비용을 받아간다. 나 역시 정직하게 그들의 수고를 인정해주고 그들도 알고 있는 내 몫을 챙긴다.

솔직히 말하면 오너로서 직원을 보내면서 그 비용이 얼마인지 오픈하는 것은 결코 쉬운 일이 아니었다. 그러나 나와 함께하는 동료들과 오래가기 위해서는 그래야만 한다고 생각했다.

그동안 내가 운영했던 회사는 정해진 급여를 받는 사람이 없었으며, 철저하게 발생한 매출에 대해서 분배하는, 엄밀히 따지면 프리랜서들이 이해관계로 모여 있는 조직이라고 할 수 있다. 이런 경우를 전제로 앞으로 소개할 보상 체계 시스템은 그동안 해를 거듭해오면서 몇 번의 작은 변화는 있었지만, 지금까지의 경험으로 볼 때 가장 적합한 방법으로 지금도 유지하고 있다.

공연을 통해 발생한 수입을 100이라고 할 때
1) 세금 10%
2) 회사 운영 및 영업비 30%
3) 공연자 인건비 60%

1) 세금: 이 부분은 앞에서 언급했듯이 우리의 돈이 아니다.

2) 회사 운영 및 영업비: 회사에서, 정확히 말하자면 오너인

내가 매출을 만들어내기 위해 애쓰는 나의 수고비로 나는 그 돈을 내 수입으로 해서 회사를 운영한다. 사무실 임대료를 내고, 각종 공과금과 세금을 내며, 컴퓨터를 비롯하여 다양한 비품을 사고 유지, 보수한다. 또한, 개인이 사기에는 부담스러운 일루젼 장비 등을 회사 차원에서 구매한다. 이러한 것들을 알고 있기 때문에 직원들도 회사의 영업비 30%를 인정한다. 오히려 회사 수입이 너무 적지 않느냐고 걱정을 해준다. 만약 직원인 마술사가 이 30%에 욕심이 난다면, 언제든지 독립을 하면 된다. 나는 늘 그렇게 얘기해 왔다. 여러분의 독립을 장려한다고 말이다.

3) 공연자 인건비: 마술사가 혼자 공연을 다녀오면 60%에 해당하는 비용을 모두 받아간다. 만약 메인 마술사 2명이 참여하면 각각 30%씩 가져간다. 메인 마술사와 게스트 마술사가 함께 공연하면 메인 마술사는 40%, 게스트 마술사는 20%를 가져간다. 메인 마술사가 단순히 서브를 해주는 정도의 스텝을 데리고 가면 메인 마술사가 50%를, 서브 스텝이 10%를 가져간다.

이제 막 회사에 들어와서 현장 경험이 없고 단순한 보조 역할만 하는 스텝은 하루빨리 자신의 역량을 키워서 메인 마술사가 되려고 노력해야 한다. 지금은 비록 10%의 서브 수당을 받고 있지만, 언젠가 게스트 마술사가 되어 20%의 공연비를 가져갈 것이며, 또 언젠가는 메인 마술사가 되어 30~60%의 공연비를 가져가게 될 것이다. 그렇게 이 조직 안에서 목표를 가지고 성장하며 그에 따른 성취감을 맛보고 또 그렇게 성장한 마술사가 자신의 자리에서 대우를 받으며 제 역할을 하게 되는 것이다.

이 보상 체계는 오너인 나를 포함하여 우리 회사의 누구에게나 적용된다. 만약 오너인 내가 영업을 하고 나 혼자 공연을 다녀오면 90%의 공연비가 모두 내 몫인 셈이다. 내가 만약 메인 마술사 한 명과 공연을 가면 오너인 나는 영업비 30%와 메인 마술사로서 공연비 30%를 가져갈 수 있다. 오너인 나와 함께 가는 메인 마술사는 원래 자기 몫대로 30%를 가져갈 수 있다. 혹시 내가 게스트 마술사나 서브를 데려간다고 해도 그들은 원래 자기가 받을 몫을 받는다. 결국, 누구와 함께 가든지 자신이 받을 몫은 이미 정해져 있다는 것이다.

한편으로는 '공연자가 무조건 혼자 다니려고 하지 않겠는가' 라고 생각할 수 있지만, 선배인 메인 마술사는 후배들을 챙기고 키워줘야 할 도덕적 의무가 있다. 그렇게 후배들을 챙겨주기 때문에 후배들에게 인정받는 선배이자 팀장으로서의 대우를 받는 것이고, 더불어 고객 컴플레임에 모든 책임을 지는 의무도 있다. 결국, 수당을 모두 독차지하기 위해 혼자 힘들고 불안하게 공연을 하니, 수당을 줄여서 받더라도 동료와 함께 가서 안정적으로 주어진 일을 수행하는 것이 더 유리하다고 할 수 있다.

또한, 회사가 아닌 직원들이 영업하는 것에 대해서도 영업비를 인정해준다. 직원의 신분일 때는 전체 금액에서 20%의 영업비를, 독립한 프리랜서의 경우 30%의 영업비를 인정한다. 한때는 직원인네도 본인이 영업하고 본인이 혼자 공연을 다녀오면 90%를 인정해준 적도 있었다.

사실 조직에 속한 구성원이라면 영업은 당연히 해야 할 의무이다. 햄버거 가게에서 주문받는 직원이 햄버거 단품을 사려는 손님에게 세트메뉴를 권해서 판매했다고 매번 인센티브를 주지는 않는다. 직원으로서 당연히 해야 할 의무이기 때문이다. 매출이 많이 일어나는 경우 오너의 재량에 따라 보너스를 줄 수도 있고, 안 줄 수도 있는 것이지 이것이 의무는 아니지 않은가.

그럼에도 불구하고 나는 직원들에게 영업비를 인정해주려고 애썼다. 왜냐하면, 장기적으로 그들이 독립했을 때 자생력을 가질 수 있도록 하는 배려이기도 했고, 내가 아닌 직원들의 영업을 통해 회사에 추가적인 매출이 발생한다는 것은 조직의 성장과 공생에 큰 도움이 되기 때문이다.

또 한 가지 재미있는 것은 영업한 사람이 공연팀을 구성할 수 있다는 것이다. 예를 들어 게스트 마술사나 서브 스텝이 영업한 경우, 공연팀을 구성할 때 본인을 넣을 수 있다. 게스트 마술사가 영업을 하고 메인 마술사를 선정한 뒤 본인이 게스트로 들어간다면, 영업비 20%+게스트 수당 20% 해서 총 40%

의 공연 수당을 가져갈 수 있다. 서브 스텝이 영업하는 경우 영업비 20%+서브 수당 10% 해서 총 30%의 수당을 받아갈 수 있다.

결국, 이러한 시스템으로 공연 능력이 아직 부족한 직원이라 할지라도 본인의 노력으로 영업이라도 하면 추가적인 수입을 얻을 수 있도록 방편을 열어둔 것이다. 때로는 이러한 제도가 본인을 챙겨주는 메인 마술사에 대한 보답이 되기도 하며, 결과적으로 조직의 결속을 다지는 역할까지 하게 된다.

우리 회사에서는 혼자 50~60분의 공연을 수행할 능력이 되면 메인 마술사로 인정해주고 팀장이라는 직책을 달아줬다. 팀장은 오너인 나의 특별한 지시가 없으면 공연팀을 마음대로 구성할 수 있는 권한이 있었다. 사실 이것은 엄청난 권한이라고 할 수 있다.

과거에 약 100평 규모의 사무실을 운영하고 마술사가 12명 정도 있을 때, 1/3 수준의 구성원이 메인 팀장이었고 나머지는 게스트 또는 서브였다. 이렇게 여러 명의 공연자가 있는데 팀장급 마술사가 공연팀을 구성할 수 있다는 것은 어떻게 보면 하나의 권력인 셈이다. 팀장급 마술사의 눈에 들지 않으면, 또는 그 팀장이 능력이 안 된다고 판단하면 공연팀 구성 권한이 없는 게스트나 서브 마술사들은 그 팀장과 공연을 나갈 방법이 없다. 수입에 영향을 미치는 것이다.

그렇게 나는 나름대로 팀장들의 권한을 인정했고, 그만큼 책임도 요구했다. 그 밖에 10~15분 내외의 공연을 수행할 정도의 역량밖에 되지 않는 마술사는 직원 또는 게스트 마술사이며, 마술을 잘하고 못하고를 떠나서 현장 경험이 없는 마술사에게는 일정 기간 출장공연을 시키지 않았다. 주어진 여건에서 준비된 공연을 잘하는 것과 온갖 변수가 난무하는 현장에서의 대처 능력을 가지고 무대에 서는 것과는 전지 차이라고 생각한다. 열심히 선배들을 따라다니며 다양한 무대를 간접 경험하고 충분한 현장 경험을 쌓아서 기회가 왔을 때 10~15분 정도의 공연을 성공적으로 마치면, 그리고 그런 경험이 몇 번 쌓이면 게스트 마술사로, 즉 정식 직원으로 인정했다.

아무튼, 이렇게 투명한 보상체계 안에서 누구에게나 기회가 열려있고, 자신의 역량에 따라 일을 하고 그에 대한 보상을 받는 것이 내가 가진 조직과 구성원을 오래 유지하는 방법이라고 생각했으며, 지금도 이 생각에는 변함이 없다.

한 마술공연 기획사의 대표는 나름대로 자신의 여건 안에서 직원들에게 충분한 보상을 하려고 노력하고 있고, 실제로도 그렇게 하고 있다. 직원들도 대표의 마음을 알고 있으나 현실은 그리 만만치 않다. 결국 더 나은 수입을 위해서 직원은 이직을 고민하고, 이를 알게 된 대표도 더 이상의 %를 인정할 경우 운영에 어려움이 생기게 되기 때문에 속마음과 현실 사이에서 고민한다. 과연 해법이 있을까? (참고로, 대표는 직원을 보내 공연을 하게 되면 적게는 50%에서 많게는 7~80%까지 공연수당을 주고 있다.)

1 : 문제의 핵심

1) 영업이 대표에게만 집중되어 있다. 즉, 직원들은 영업활동에 참여하지 않는다.

2) 언뜻 보기에는 수익 분배에 대한 % 조정을 하면 될 것 같지만 그렇지 않다.

3) 현실적으로 파이가 작기 때문에 생기는 문제이며, 이에 대

한 개선이 이루어지지 않는 이상 % 조정은 의미가 없다.

2: 상담 후 나의 조언 요약

1) 내가 직원에게 해준 조언: 돈이 필요하다면서 왜 스스로 추기적인 수입을 만들려고 하지 않는가? 대표의 영업에 의존하지 말고 자생력을 갖도록 노력해야 한다. 이직이나 독립을 하지 말고, 이 안에서 모든 여건을 충분히 활용해서 수익을 창출하려고 애써라. 그래야 너도, 회사도, 대표도 살 수 있다.

2) 내가 대표에게 해준 조언: 대표가 혼자서 영업을 하고 직원들에게 나누어 주는 것보다 직원이 영업해서 회사에 수익을 만들어 주는 것이 더 유리하다. 직원 스스로가 추가적인 수입을 만들어 갈 수 있도록 도와주고 적절한 보상을 해주는 것이 가장 중요하다. 직원이 자생력을 갖는 것이 결국 회사가 자생력을 갖는 것이다.

시스템을 만들어야 한다

여기서 말하는 시스템은 앞서 언급한 인력 관리나 회사를 운영하는 내부 규정에 대한 부분이 아니라 수익을 창출하기 위한 시스템을 말하는 것이다.

마술사는 결국 본인이 직접 움직여서 공연해야 수입이 발생하기 때문에 매우 소모적인 사업에 종사하고 있다. 혹시 여러분은 본인이 불의의 사고를 당하거나 갑작스러운 질병 등으로 일을 못 하게 되어 당장 수입이 끊기게 될 수도 있다는 생각을 해본 적이 있는가? 나는 이런 일들에 대해서 늘 불안해했고 해결 방법을 찾기 위해 늘 고민했다. 아마도 앞으로도 이 문제에 대해서 계속 고민할 것이다.

내가 원하는 시스템은 이런 것이었다. 마술도구 유통 사업을 하는 기업들을 보자. 쇼핑몰을 만들고 고객의 니즈를 파악하여 상품을 들여오거나 제작하고, 다양한 이벤트와 프로모션을 통해 고객들을 유인하여, 고객들이 상품을 구매하면 수입이 발생한다. 굳이 내가 홈페이지를 들여다보고 있지 않아도 알아서 돌아가는, 또는 알아서 돌아가도록 적합한 책임자를 뽑아 맡겨두면 된다. 내가 잠을 자고 있어도, 내가 휴가를 가도, 내가 몸이 아파 집에서 쉬고 있어도 내 쇼핑몰 홈페이지는 돌아가고 수익이 창출될 것이다. 정말 멋지지 않은가?

나도 이런 시스템을 갖고 싶었다. 그동안 이런저런 다양한 시도를 해보았는데, 그중에서 가장 성공적이었던 것을 소개한다.

6번째 창업 즈음에 나는 영업팀 직원을 새로 뽑았다. 나와 동갑내기인 여성분으로, 과거에 텔레마케팅으로 자기 사업을 한 경험이 있는 분이었다. 나는 새로운 직원에게 어린이집과 유치원을 대상으로 하는 텔레마케팅을 맡기기로 했다. 우리 회사의 다양한 상품들과 더불어, 영업팀 직원들이 해야 할 일들에 대해서 알려주었고, 텔레마케팅을 하면서 고객과의 대화를 어떤 식으로 풀어가야 하는지를 교육했다. 그리고 나서 가장 최근 날짜에 잡혀 있는 어린이집 행사에 동행해서 우리 공연을 보여주었고, 아이들과 원장님이 만족해하는 모습을 보여줬다. 그리고 나서 영업팀에서 텔레마케팅 영업을 시작하도록 했다.

본인이 직접 눈으로 보았기 때문에 우리 상품(공연)에 자신감이 있었고, 확신에 찬 목소리로 영업을 시작했다. 급여 외에 적당한 선에서 인센티브도 주었다. 영업팀 직원들은 입사한 지 한 달도 채 안 되어 성과를 내기 시작했다.

현재 우리 회사의 총 매출 중 1/3 정도가 어린이집, 유치원 등 어린이 관련 공연에서 나오는데, 우리 영업팀 직원은 이 부분을 훌륭하게 감당하고 있다. 이제는 내가 분기별로 적당한 상품을 만들어주면 직원 스스로 영업도 하고 공연에 적당한 마술사를 담당자로 배정한다. 이제 나는 더 이상 유아사업부에 거의 신경을 쓰지 않아도 되며, 그 직원은 이제 우리 회사에서 없어서는 안 될 정도의 존재감을 가질 정도로 성장했다.

잘 뽑은 직원 한 명으로 유아사업부가 알아서 돌아가는 시스템이 만들어진 것이다. 홈페이지를 쇼핑몰 형태로 만들고, 공연 상품을 올려서 고객이 자신에게 필요한 공연 상품을 찾아볼 수 있게 만든 것 역시 이런 시스템을 만들기 위한 노력의 일부였다.

그동안 가장 후회스러웠던 것들

그동안 내가 이 일을 하면서 가장 후회했던 것이 두 가지 있는데, 하나는 학업을 계속하지 않은 것과 영어공부를 게을리한 것이다. 20살 때 대학 휴학을 하고 입대 전까지 레크리에이션 강사로, 어설픈 마술사로 활동하고 있을 때 아버지께서 복학해서 학교를 졸업하라고 수도 없이 말씀하셨다. 때로는 강하게도 말씀하셨고, 때로는 간곡히 타이르듯이 말씀하시기도 했는데, 매번 나는 복학을 하지 않겠다고 고집을 피웠다. 왜냐하면, 그 당시 내 전공은 멀티미디어학이었는데, 그래픽 디자인이라든가 홈페이지 같은 것을 만드는 방법을 배우는 학과였다. 그때는 컴퓨터 앞에 앉아서 몇 시간씩 모니터 화면을 쳐다보는 것이 징그럽게 싫었다. 아버지께서 학교에 대한 말씀을 꺼내실 때마다 '나는 전문 직종에 종사하고 있으며, 평생 이 일을 할 것이며, 이쪽에서 잘한다는 소리도 듣고 있고, 이쪽에서 4년제 대학을 나온 형들보다 내가 받는 돈이 더 많다'고 고집을 피우고 복학을 거부했다.

그런데 참 아이러니하게도 회사를 운영하면서 가장 아쉬운 것이 그래픽 디자인과 홈페이지 만드는 기술이었다. '수많은 제안서와 공연 포스터에 적합한 그림을 내 마음대로 그려서 넣을 수 있다면 얼마나 좋을까?', '도대체 홈페이지에 대한 지식이 없으니 돈은 돈대로 들고, 돈을 들여도 내 마음대로 되지 않으니 얼마나 답답한가!'라는 생각을 수도 없이 했다. 아버지의 말씀대로 학교를 졸업했다면 충분히 스스로 해결할 능력이 있었을 텐데 말이다. 게다가 나는 그 당시 수업시간에 2~3시간도 쳐다보기 힘들어하던 컴퓨터 모니터를 지금은 하루 평균 7~8시간을 넘게 쳐다보며 일을 하고 있다. 때로는 제안서를 만들기 위해 몇 날 며칠 밤을 새우기도 한다.

또 하나, 나이가 들면서 학력에 대한 아쉬움이 점점 깊어진다. 현재 나의 최종 학력은 예술전문학사이다. 2004년에 농아인재대학교 마술학과가 설립될 때 당시 스승이자 다니던 회사의 오너였던 함현진 마술사님의 권유로 입학해서 졸업한 덕분에 그나마 2년제 대학 졸업장이라도 가질 수 있었다.

지금 내가 마술학과의 교수이고, 대학에서도 제자들에게 마술교육에 대한 강의를 하고 있으며, 수많은 기업체와 단체에서 마술교육을 했던 사람임에도 불구하고 항상 결정적일 때

내 발목을 잡는 것이 바로 학력이다. 결국, 배움에 대한 목마름과 학력에 대한 콤플렉스를 해결하기 위해 고려사이버대학교 평생교육과에 편입해서 공부를 시작했다. 비록 37살에 다시 시작한 공부지만, 이렇게 공부가 재미있는 것인 줄 예전엔 미처 몰랐다. 학교를 졸업하면 대학원에도 진학할 꿈을 가지고 있다.

두 번째 후회하는 것이 영어공부를 게을리한 것인데, 준비된 사람에게 기회가 온다 했던가. 사실 준비가 안 된 사람은 기회가 와도 그것이 기회인 줄 모르는 법이다. 내가 영어를 잘하지 못했기 때문에 놓쳤던 세 번의 기회가 얼마나 아쉬운지 모른다. 언제 다시 올지 모르는 네 번째 기회를 위해 틈틈이 영어 공부에도 힘을 쏟고 있다. 언어는 곧 힘이고 능력이다.

변하려는 의지가 있어야 변화가 온다

나는 형편이 넉넉하지 않은 집에서 태어났다. 부모님은 늘 일을 다니셨기 때문에 6살 때부터 3살 아래 동생을 데리고 집에 혼자 있어야 했다. 스스로 밥도 챙겨 먹어야 했고, 연탄불도 갈아야 했다. 이사 가는 곳마다 동네 아이 중에서 내가 나이가 제일 많았다. 주변에 나에게 조언을 해주거나 도움을 줄 만할 형들도 없었다. 언제나 모든 것을 스스로 해야 했다. 감사하게도 이러한 환경들이 나를 매사에 적극적이고 주도적인 사람으로 성장하게 도와줬다. 나는 지금도 하루하루를 의욕적으로 살고 있으며, 새로운 일을 만들어 내기 위해 늘 생각하고 애를 쓴다.

나는 어린이집이나 유치원 대상 크리스마스 산타행사를 매우 중요한 아이템으로 생각한다. 전국의 어린이집과 유치원이 무조건 하는 행사이기 때문이다. 얼마나 많은 출장팀을 세팅하고, 얼마나 많이 영업해서 일을 따내느냐가 관건이다. 원마다 산타행사를 진행하는 방법이 여러 가지가 있겠지만, 보통은 이사장님이나 차량운전을 해주시는 기사님, 또는 유아 체육 선생님들, 때로는 학부모 중에 한 분이 산타 복장을 하고 진행을 하는 경우가 많다. 물론 자체적으로 행사를 진행하면 원 입장에서는 따로 돈을 쓸 필요가 없다. 그럼에도 불구하고 유아교육기관에서 돈을 써가며 이벤트 업체에 산타행사를 맡기는 이유는 단 한 가지다. 아무리 분장을 잘해도 눈썰미 좋은 아이들은 목소리만 들어도 누구인지 알기 때문이다. 원에서는 아이들이 진짜 산타가 있다고 믿었으면 하는 마음에 이벤트 업체를 찾는다.

2012년까지는 공연팀을 1명이나 2명을 보내서, 공연자가 마술공연을 먼저 하고 10분 정도 쉬었다가 그 시간에 산타 분장을 하고 나와서 산타행사를 진행했다. 그런데 그나마도 영업을 하면 할수록 자꾸 단가가 내려가는 것이 느껴졌다. 경쟁 업체가 많다는 뜻이다. 경쟁력을 가질 무언가가 필요했다.

그래서 생각한 것이 루돌프 탈인형을 사는 것과 진짜 할아버지를 산타로 쓰는 것이었다. 조금 무리가 됐지만, 투사라고 생각하고 탈 인형을 7개를 구입했다. 노인일자리지원센터와 협의해서 산타행사를 나가실 만한 할아버지 7분을 아르바이트로 고용하고, 루돌프 탈인형을 쓸 아르바이트 대학생을 7명 구했다. 마술사 1명, 산타할아버지 1명, 루돌프 1명 이렇게 3명이 한 팀으로 총 7개 팀을 세팅했다. 그리고 유아교육기관에 이렇게 영업했다.

"우리는 마술사와 진짜 할아버지 산타, 루돌프 탈인형도 갑니다!"

2013년, 우리는 그렇게 98개의 행사를 따냈고 금액으로 치면 약 3,500만 원의 매출이 만들어졌다. 행사를 마치고 피드백을 받아본 결과, 루돌프 탈인형을 썼던 것은 매우 반응이 좋았고, 산타할아버지에 대한 부분은 호불호가 갈렸다. 열심히 해주셨던 분은 평가가 좋았고, 내 마음 같이 움직여주지 않으셨던 할아버지가 간 곳은 평가가 좋지 않았다. 내부적으로 자체 평가를 해보니, 팀장으로 나갔던 마술사들의 전반적인 의견이 할아버지를 쓰는 것에 부정적인 입장을 보였다. 그래서 2014년에는 20대 후반의 남자로 산타 아르바이트를 구하고, 공연이 끝난 후 마술사가 루돌프 탈인형을 쓰는 것으로 해서 수익률을 높였다. 2인 1조가 되어 행사를 진행했는데, 고객 피드백도 그렇고, 내부 자체 평가에서도 몸은 조금 고되어도 이렇게 하는 것이 더 낫다는 의견이 모였다.

나는 보통 9월 정도에 12월 산타행사를 기획하고 10월에 세팅을 해서 11월 초에 영업이 들어가는데, 2015년도에는 뭔가 획기적인 변화가 있어야 한다고 생각했다. 그래서 어린이집 교사로 일하는 아내에게, 올해는 사슴농장에서 진짜 사슴을 빌려다가 산타행사를 다니면 어떻겠냐고 물었다. 나름대로 획기적이라고 생각했는데, 아내가 너무 위험하다고 반대를 했다.

결국, 진짜 사슴은 포기하고 산타할아버지 퀄리티를 높이기로 했다. 진짜 연극배우를 섭외하여 공연팀을 마술사, 배우, 루돌프 이렇게 3명으로 4개 팀을 세팅하고 행사비를 다양하게 해서 영업에 돌입했다. 앞서 언급했듯이 고객들은 대부분 최고로 비싼 행사비용의 상품을 선택했고, 수익률도 좋았다.

그런데 2015년 산타행사를 놓고, 고객 반응이 엇갈렸다. 어떤 원에서는 리얼한 산타할아버지가 매우 좋았다고 평가했지만, 어떤 원에서는 작년과 달라진 것이 없다고 평가한 것이다. 분명히 일반인 산타와 배우 산타는 다를 텐데, 고객 입장에서는 외형적인 모습에서 변화가 없다고 판단한 것이다.

이 결과를 놓고 많은 생각이 들었다. 수익률이 낮더라도 박리다매로 많은 행사를 하는 것과 행사의 질을 높여 적게 일하고도 높은 수익률을 만드는 것에 대한 고민, 외형적인 변화를 주는 것과 행사의 질을 높이는 것에 대한 고민. 여러분이라면 어떤 선택을 하겠는가?

정답은 없다. 다만, 분명한 것은 2016년도 산타행사는 변화된 새로운 모습으로 고객을 찾아갈 것이라는 점이며, 매년 더 변화하기 위해 노력할 것이라는 점이다. 어쩌면 정말로 사슴 농장에서 진짜 사슴을 데려올지도 모르겠다.

고객들은 늘 다른 것을 원한다. 한해를 마감하고 새해를 맞이하면서 내가 우리 공연팀에게, 그리고 내 자신에게 강력히 요구하는 것은 변화해야 한다는 것이다. 변화하지 못하면, 고객이 원하는 만큼 달라지지 않으면 결국 경쟁력을 잃고 도태될 수밖에 없다.

마술사가 마술을 잘해야 하는 것은 당연한 것이다. 비록 탑 클래스의 마술사는 아니더라도 내가 만나는 고객들의 눈에는 잘하는 마술사로 보여야 할 것 아닌가. 우리는 마술 외에도 잘하는 무언가가 있어야 하는 세상에 살고 있다. 기획이나 영업을 잘하든가, 홈페이지를 만들고 관리하는 능력이라든가, 홍보물을 잘 만들든가 하는 등의 무언가가 있어야 그것을 무기 삼아 더 나은 미래를 꿈꿀 수 있다.

에필로그

여러분의 삶을 응원하며

삶이 힘들다고 방황하거나 힘들어하는 사람들을 볼 때면, 이런 생각이 든다. '저렇게 힘들어해도 결국 변하는 건 없다. 정말 힘들면 저렇게 방황하고 자리에 주저앉아 있을 시간조차 없다'고 말이다.

나는 그동안 힘들어 하는 것도 사치라고 생각하며 살았다. 삶의 무게에 지쳐 주저앉아 쉬고 싶다는 생각이 간절해도, 그 럴수록 정신 바짝 차리고 일어서서 뭔가를 해야 한다고 생각한다. 내 삶의 변화와 성공을 강렬하게 원해야 삶을 바꾸고 성공을 이룰 수 있다고 생각한다.

성공한 사람들이 말하는 성공의 비결은 ①구체적이고 정확한 목표를 설정하고, ②그 목표를 이룰 수 있는 치밀한 계획을 세우는 것, ③그리고 미친 듯이 그 계획을 실천하는 것이다. 얼마나 쉽고 단순한가? 누구나 다 알고 있는 이야기다. 그래서 더 이루기가 어려운 것이다.

언젠가 고속도로 휴게소 화장실에서 보았던, 누가 한 말인

지는 모르지만 나에게 수많은 영감과 힘을 주었던 말을 여러
분과 나누며 이 책을 마친다. 여러분의 소중한 삶을 응원하며,
여러분의 노력과 앞으로 이루게 될 결실에 박수를 보낸다.

"중요한 것은 목표에 어떻게 하면 빨리 갈 수 있는가가 아니
라 그 목표가 어디에 있느냐 하는 것이다."